本場 さぬきうどんの作り方

監修／香川県生麺事業協同組合

JN287478

本場 さぬきうどんの作り方

目次

本書をお読みになる前に

■料理名・分量名・呼び名の表記は、基本的に取材した各店の慣例に従っています。

■本書の「さぬきうどん手打ちの技術」で紹介した技術は、基本的なさぬきうどんの打ち方ですが、店によって多少の違いがあります。

■おいしいさぬきうどんを作るために、「さぬきうどん手打ちの技術」をひと通り読んでいただいてから作りはじめてください。

■うどんを打つ日の気温や湿度などによって、同じ分量で作っても、うどんのでき上がりが微妙に異なることがあります。

■店の情報（メニュー、価格等）は、平成11年12月現在のものです。

◆**監修**――香川県生麺事業協同組合　理事長　鳥塚 晴見

◆**技術指導**――さぬき麺業株式会社　香川 政明
杉山 柔和
丸岡 光男
株式会社こんぴらうどん　成本 在慶

◆**編集協力**――有限会社井筒製麺所　鳥塚 晴見
株式会社うどんの庄　かな泉　泉川 賢
有限会社川福本店　竹川 いつ子
株式会社源芳　大槻 正弘
手打うどん　さか枝　坂枝 良弘
さぬき麺業株式会社　香川 政明
セルフサービスの店　竹清　竹田 啓二
有限会社丸川製麺　丸川 精一
小縣家　小縣 朝雄
株式会社こんぴらうどん　成本 在慶
水車うどん　谷 浩
長田うどん　宮本 憧子

◆**特別協力**――めん食文化研究所　小島 高明

◆**取材協力**――味の素株式会社／木下製粉株式会社／マルキン醤油株式会社／ヤマキ株式会社／鎌田醤油株式会社／お四国精進料理・風土料理　まいまい亭

◆**資料及び写真協力**――金刀比羅宮／香川県農林水産部農業生産流通課／社団法人香川県観光協会／綾南町うどん会館／株式会社そばさろんやぶきた

【企画制作】――永瀬 正人
土田 治

【編集スタッフ】――高林 宏枝　※前田 和彦／城所 範子

【アートディレクション】――國廣 正昭

【デザイン】――ディクト・クリエイティブ
（吉野 晶子／藤井 照子／佐野 泉／石野 聡子）

【撮影】――柳田 隆司／岡村 信弘／(社内)後藤 弘行、薗田 真理

さぬきうどんの魅力

つややかでしかもコシのあるさぬきうどん。一度本物のさぬきうどんを食べたら、ファンにならずにはいられない魅力がある。麺自体のおいしさだけでなく、ざるうどんや釜あげ、しょうゆうどんなどバリエーションも豊富で、さぬきうどんの世界は奥深い。

さぬきうどんの特徴と人気の秘密

さぬきうどんの特徴

1999年5月に愛媛・今治と広島・尾道を結ぶ、3本目の本四架橋「しまなみ海道」が開通して、四国はまた一歩本州と近くなった。四方を海に囲まれ、海の幸も豊富なこの四国にあって、全国有数のうどんのおいしさを誇るのが讃岐《さぬき》地方、現在の香川県である。うどんはもちろん「さぬきうどん」——。

香川県は同じ四国の中でもとびぬけてうどん店が多い。他の3県にもうどん店はないことはないが、その数は香川県に比べて圧倒的に少ない。高松市内だけでなく、県内の町や村、郊外道路沿い、はては農道の奥まった場所にまでうどん店や製麺所がある。

それだけ、香川県民がたくさんうどんを日常的に食べていることを表している。毎日食べる人も少なくない。

●独特の麺・だし・食べ方

これだけ香川県民をとりこにしているさぬきうどんとはどんなうどんなのか?

まず見た目から違う。うどんの麺がつやつやである。しかも、麺を庖丁で切った角がすっと通っている。特に冷水でよく洗ったざるうどんの麺は、庖丁で切った角がじつにきれいに通っている。この見た目がさぬきうどんの第一の特徴と言える。

次に食感。麺を噛むと、も

香川県内のあちこちにうどん店が。それだけに、レベルの高いさぬきうどんが作られる。

香川・琴平の金刀比羅宮への参詣客にとっては、さぬきうどんを味わうのも楽しみの一つだ。

ちっとしていながら同時にしこっとした確かな歯ごたえがある。関西うどんなどはもちもち感が強いが、さぬきうどんはコシがしっかりしている。そして舌ざわりはつるつるしている。さらに噛むごとに、ほのかな小麦の香りが感じられるのである。

　そしてつゆ。さぬきうどんは、かけ汁《つゆ》もつけ汁も、煮干しやかつお節のだしをよくきかせており、うま味が濃いという点で共通している。特にさぬきうどんの始まりは煮干しのだしが原点とされる。この煮干しだしは食べた人の記憶に残る強いうま味が特徴である。しばらく食べないとまた食べたくなる、そんなうま味である。

ますます人気のさぬきうどん

　これまでさぬきうどんの旨さについて述べてきたが、さぬきうどんを特徴づけるもう一つの大きな魅力は、その独特の種類である。かけうどんだけでなく、ざるうどん、釜あげ、ぶっかけ、しょうゆうどん…といった、さぬきうどんならではのバリエーションがあるのだ。

　お客はそうしたいろいろなメニューの中から、好みに応じて選んで食べる。さぬきうどんを知らない人は、どんな食べ方なのか分からない人も多いに違いないが、詳しいうどんの説明は後のページでご覧いただきたい。

　ともかく、さぬきうどんはこうした種類の変化も大きな魅力になっているのである。

●手打ちが比較的簡単に

　日本全国にはいろいろなご当地うどんや名物うどんがあって、いずれも甲乙つけがたい。しかしそんな中でも、さぬきうどんはこれまで述べてきたように、味・食べ方ともに現代のお客を魅了する魅力がある。そのためマスコミ等に紹介される頻度も高く、いまや全国にさぬきうどんファンを増やしつつある。

　一度本物のおいしさを味わったら、その多くがファンになるさぬきうどんだが、自分で比較的簡単に打てるのも、さぬきうどんが愛される要因の一つだ。基本をマスターして、ぜひおいしいさぬきうどんを楽しんでいただきたい。

人気のさぬきうどん

ざるうどん

「ざるうどん」の元祖『川福』の看板メニュー。つやつやした光沢のある細めの麺と口当たりのなめらかな食感は創業以来の自信作。麺につける汁《つゆ》は7種類のだし材料で取ったかつお節ベースの上品な味。今では珍しくない「ざるうどん」のネーミングのルーツは、この店をこよなく愛した香川出身の故大平正芳元首相とも言われる。現在ではさぬきうどんのおいしい食べ方として、しっかり定着している。《価格／五三〇円》

——『川福　本店』

ざるうどん

すっと通った麺の角、つややかな輝き。さぬきうどんを象徴するこの美しさは「ざるうどん」が最も映える。『さぬき麺業』では、吟味した煮干しとかつお節からまろやかなだしをとり、さぬきうどんならではのおいしさを楽しませる。《価格／三七〇円》

——『さぬき麺業』

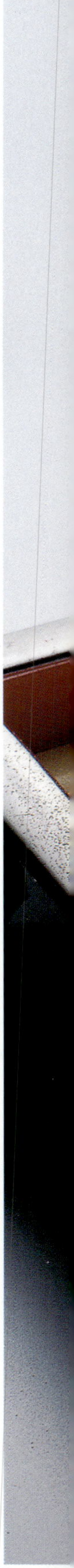

ざるうどん

「讃岐でとれた味を生かす」という信念を持ってうどんを提供するのが『水車うどん』。麺の色からも分かるように、讃岐の地でとれた国内産の小麦粉を使い、自家製粉している。麺には地粉特有の色があり食べた瞬間、輸入小麦にはない独特の小麦風味が堪能できる。ほかにはない、ひと味違ったうどんが楽しめるのも讃岐ならではである。

《価格／四〇〇円》

――『水車うどん』

冷やし（大）

夏限定の涼しげな一品。茹でて冷水でよく締めたうどんを皿に盛り、さらに冷水機の水を入れて供される。この店の麺は、厳選した粉を3～4種類ブレンドして使用し、コシのあるさぬきうどんに仕上げている。つけ汁《つゆ》は煮干しと昆布でとっただしをベースに、濃口醤油と白砂糖を加えて1時間ほど煮つめてコクを出す。薬味に細ねぎを入れてさっぱりと味わう。

《価格／三八〇円》

――『丸川製麺』

元祖しょうゆうどん(大)

讃岐地方の家庭で食べられていたしょうゆうどんを、いち早く売り物として商品化した人気店。「元祖しょうゆうどん」はお客の9割が注文する名物うどん。何よりも、最初に大きな大根とおろし金が出されるのに驚く。お客がめいめいに大根をおろし、うどんが出されたら好みの量だけおろした大根を乗せ、ねぎ、スダチなどを順に入れ、最後にこの店の独自仕様の醤油をかけて食べる。しょうゆうどんは手早く食べられるのも人気の秘訣。《価格/五〇〇円》

——『小縣家』

まるごと1本の大根とおろし金が運ばれて来るので、お客はめいめいにおろして麺に乗せ、薬味を添える。

おろしたての大根、薬味に細ねぎ、ゴマ、かぼすなどを乗せたら、自家製の醤油をかけ、全体を混ぜて食す。

しょうゆうどん

『こんぴらうどん　参道店』の一番人気のうどん。茹でたての温かいうどんに醤油をかけて食べるのが特徴。麺に、細ねぎ、おろし生姜、かつお節、天カスをのせ、特製の”だし醤油“をかけて食べる。醤油の量は徐々に足して調節する。《価格／五〇〇円》

――『こんぴらうどん　参道店』

天ざるうどん

”ざるうどん“に天ぷらを盛り合わせたメニュー。光沢のあるなめらかな麺とかつお風味のつゆ、そしてからっと揚がった旬の天ぷら。この調和が楽しい。《価格／一一五〇円》

――『川福　本店』

サラダうどん

生野菜たっぷりの夏におすすめのうどん。隠し味に少量の酢、砂糖を入れ、酸味のきいたマイルドなドレッシング感覚の汁《つゆ》をかけて味わう。色鮮やかな野菜類をのせた冷たいうどんは、女性にも人気が高く、お子様にも好評。《価格／六〇〇円》

――『さぬき麵業』

釜あげうどん

さぬきうどんの代表的な食べ方の一つが釜あげうどん。打ちたての麺を茹で、茹で湯とともに器に入れてつけ汁《つゆ》で賞味する。『さぬき麺業』の麺は地粉を2割ほど入れ、淡黄色の光沢とコシのある麺を楽しませる。煮干し風味のつけ汁に、自分でおろした生姜をたっぷり入れ、アツアツのうちにいただく。《価格／四〇〇円》

――『さぬき麺業』

釜あげうどん（大）

丼に飾り気なく盛った釜あげうどんが大人気の店。つけ汁《つゆ》は、温かいものと冷たいものから選べる。雰囲気のある大谷焼の大徳利で出されるのが楽しい。釜あげうどんのおいしさは、麺の茹で具合が決め手となるが、この店では、看板にしているだけあって絶妙の茹で具合で出される。薬味の生姜は席に着いたら、お客がすぐおろしはじめ、つけ汁はうどんが来る直前に猪口に入れるとよい。《価格／三五〇円》

――『長田うどん』

湯だめ（大）

大きめの器に湯をはり、その中に、茹でて水洗いしたうどんを入れたものが一般的な「湯だめ」。湯のなかに溜めておきながら食べるところから、その名がついたと言われる、昔のさぬきうどんの懐かしい食べ方。『丸川製麺』では細めの麺に、おろし生姜をたっぷり入れ、温かいつけ汁につけながら食べる。冬場に人気のうどん。

《価格／三八〇円》

――『丸川製麺』

かけうどん

温かいうどんの〝基本メニュー〟。シンプルだが、麺・だし・つゆのおいしさがストレートに出るため、ごまかしがきかない。だしのよくきいた風味のよいかけ汁は、煮干し、昆布、節類などを3種類以上使って作り、手間をかけている。麺の太さは冬はやや太めで約4㎜角、夏はやや細めに打つ。この店のねぎは〝奴ねぎ〟とよばれる四国で多く作られている、細ねぎのなかでもさらに細いねぎを使用している。

《価格／二八〇円》

――『さぬき麺業』

天たらいうどん

『源芳』では「たらいうどん」を、夏場はつけ汁《つゆ》も、たらいに入れる水も冷たくし、冬は両方温かくして供する。釜からあげた麺を一旦水で締めて、直径20㎝のたらいにうどんを入れ、冷水又はぬるま湯を注ぐ。「天たらいうどん」には、エビ天2尾を付ける。節類でとったあっさり風味のつけ汁と天ぷらがとても美味。《価格／五七〇円》

――『源芳』

たらいうどん（12玉）

昔、讃岐では冠婚葬祭など大勢が集まる行事は、うどんでもてなされた。大きめの浅い桶やたらいなどにうどんを入れ大勢で食べる。釜あげが評判の『長田うどん』では「たらいうどん」を注文するグループ客も多い。《価格／一二〇〇〇円》

――『長田うどん』

しっぽくうどん

大根、里芋、油揚げ、鶏肉、細ねぎなどをかけ汁と一緒に煮込んで、醤油味でととのえた、讃岐地方の伝統的なうどん。正月や秋まつりによく出される。『さぬき麵業』では、野菜は短冊に切り、里芋は軽く茹でてからうす味の醤油味に煮込む。器に温めたうどんを入れ、作ったしっぽく汁をかけ、ねぎを添える。《価格／五〇〇円》

——『さぬき麵業』

きつねうどん

さぬきうどんでも、温かいきつねうどんは定番の一つ。油揚げは油ぬきし、だし、ざらめ、濃口醤油で甘辛く味付けして煮る。だしがなくなるまで弱火でじっくり煮込んで味をしみ込ませる。油揚げとともに、かまぼこも具に。《価格／四三〇円》

——『さぬき麵業』

天ぷらうどん

うどんに入れる天ぷらは、からっと揚げ、口当たり良く仕上げている。この店では、冷たい卵水1に対して1.3～1.5の割合で小麦粉を入れて衣を作り、エビを入れ、170度C前後の油で揚げる。讃岐地方では、エビの天ぷらうどんでも、一般に価格は安い。《価格／五三〇円》

——『さぬき麵業』

肉うどん

良質の讃岐牛を使ったちょっと贅沢な『水車うどん』の人気商品。牛肉はお客の注文ごとに調理。先代から続く秘伝の特製のタレを火にかけ、2枚の肉を入れて作る。数十秒たったら取り出し、かけ汁《つゆ》を張った麺に乗せる。タレで軽く熱した肉は、甘辛い濃厚なタレとよく合い、とろけるような旨さ。さらに肉のタレが薄味のかけ汁とマッチし、うどんの旨さを倍増させる。《価格／八〇〇円》

――『水車うどん』

蜂蜜や水飴を使い、甘辛く仕上げた秘伝のタレに、大きめに切った讃岐牛を2枚入れる。

沸いたらすぐ火を止め、数十秒間そのままおき、汁と麺を入れた器に肉を乗せる。

山かけうどん

特に中年以上の健康を気にする男性客に人気のメニュー。約1.5玉＝300gほどのうどんの上に、おろしたての粘りの強い自然薯《じねんじょ》をたっぷり盛る。うどんに約100ccほどのつけ汁を注ぎ、おろした自然薯をかけ、海苔、細ねぎ、おろし生姜、卵の黄身をのせる。混ぜ合わせながら食べるのが美味。

《価格／五九〇円》

――『源芳』

カレー

『丸川製麺』のカレーうどんは、丼に盛られたうどんの上にそのままカレーソースをかけ、混ぜて食べる。カレーソースには手作りのブイヨンも入れ、隠し味として濃口醤油、ウスターソース、ざらめを加えて、味に特徴づけている。《価格／三七〇円》

——『丸川製麺』

カレーうどん

かけ汁《つゆ》にカレールーを混ぜたタイプの「カレーうどん」。かけ汁の中に鶏肉、人参などの具、味醂を入れて煮立て、火が通ったら溶かしたカレールーをまわし入れ混ぜる。温めたうどんにカレー汁を少なめに入れ、細ねぎを盛る。《価格／六〇〇円》

——『さぬき麺業』

五目うどん

”かけうどん“に5種類の具をのせたもの。それぞれ下味をつけた椎茸、鶏のささみ、油揚げ、筍、かまぼこ2枚がのる。シンプルでありながら、具の変化も楽しめる栄養価の高いメニューである。《価格／四二〇円》

――『源芳』

みそうどん

温めた麺を器に盛り、味噌仕立てのかけ汁をかける。汁は合わせ味噌にだしと味醂を加えて煮たもの。現在『太田店』のみで提供。《価格／八〇〇円》

――『川福　本店』

ぶっかけうどん

以前店舗の隣に麻雀荘があり、遊びながら食べられるうどんの商品化をお客から頼まれて生まれたのが、ざるうどんを一つの器にして食べる、いわゆる〝ぶっかけ〟。ざるうどん用のつけ汁《つゆ》を薄くのばして、直接かけて食べられるように工夫。今どこの店でも人気の〝ぶっかけうどん〟はこの店が始まりとも言われる。汁のだしはかつお節など節類3種類で取る。店では汁をかけて提供されるが、かつては汁を入れた徳利から好みでかけて食べていたと言う。《価格／三五〇円》

――『源芳』

ぶっかけたぬき

夏は冷たいうどんに専用の冷たい汁を、冬は温かい麺に温かい汁をかけて供す評判のメニュー。この店では麺に油揚げ、温泉玉子、細ねぎ、おろし生姜、天カス、海苔をのせ、煮干しと昆布などで取った汁をかけて味わう。《価格／六〇〇円》

――『こんぴらうどん　参道店』

野菜天ぶっかけ

数種類の天ぷらをのせた『さぬき麺業』の「野菜天ぶっかけ」。野菜は、ナス、かぼちゃ、大葉、ゴボウなどが豊富に盛られる。器にさぬきうどんを盛り、汁を約80ccほど入れ、薬味を添える。この上に揚げたての天ぷらを盛って供す。《価格／五〇〇円》

――『さぬき麺業』

打ち込みうどん

今ではほとんど見られなくなった、〝農村の味〟とも言われる伝統食「打ち込みうどん」。鍋にだしをはり、ゴボウ、油揚げ、鶏肉などの具を入れて火にかけ、沸いたら合わせ味噌と〝塩を使わずに打ったうどん〟を入れて8～10分煮る。塩分入りの麺だと汁が塩辛くなるので、塩を入れない麺を使う。味噌仕立ての汁の中に溶け込んださぬきうどんの味が絶妙。

《価格／八〇〇円》

――『さぬき麺業』

うどん会席

食前酒、先附、前菜、椀盛、お造り、そしてさぬきうどん。日本料理にも力を入れる『かな泉』の特別ご馳走会席。瀬戸内でとれた旬の魚貝や、香川の地元食材を使った、四季折々の料理とうどんの組み合わせ。盛り付けも工夫している。うどんは”ざる“か”釜あげ“を選ぶ。《価格／一人前三〇〇〇円～(要予約)。写真は五〇〇〇円料理例》

――『うどんの庄　かな泉　紺屋町店』

しょうゆうどん定食

しょうゆうどん、釜飯、天ぷらなどを組み合せた人気の定食メニュー。うどんの量だけでも250gとやや多め。この店は金刀比羅宮の参道にあり、長い石段を登り降りする参詣客に、このボリューム感が喜ばれている。しょうゆうどん、冷や奴、天ぷらの盛り合わせ、フルーツ、麦入り釜飯がセット。《価格／一二五〇円》

――『こんぴらうどん　参道店』

お福弁当

うどんとさまざまな料理を一つの器に盛り込んだ、バラエティー感のあるお弁当。ざるうどんにかつおのたたき、天ぷら、いなりずし、サラダ、しょうゆ豆などがセット。《価格／一八二〇円》

——『川福　本店』

元祖しょうゆうどん（大）とおでん

『小縣家』で人気の取り合わせ。たいていのお客がうどんとともにセルフサービスのおでんを注文。讃岐ではおでんを置くうどん店が多い。この店では、大根、さつま揚げ風の長天、たこの足などのおでんが人気。《価格／五〇〇円＋おでん（奥から大根、平天、たこの足）各八〇円》

——『小縣家』

うどんの寿喜

たっぷりの魚貝や肉、野菜とともにさぬきうどんを楽しむ豪華な鍋料理。イイダコやサワラなど瀬戸内の魚貝の他、エビ、ズワイガニ、鴨肉、数種類の野菜などを見栄えよく盛る。まずうす味仕立てのだし汁に、魚や肉を入れふたをして一度沸かす。その後、残りの材料を加えて煮込み、最後にうどんを加える。薬味には、細ねぎともみじおろし。ぽん酢風のつゆにつけていただく。《価格／1人前三八〇〇円～（写真は4人前）》

——『うどんの庄　かな泉　紺屋店』

さぬきうどん
手打ちの技術

さぬきうどんは本場のうどん店でそのおいしさを堪能できるが、基本をふまえてきちんと打てば、誰もが本場のうどん店に近い味のうどんを作ることができる。手早くリズミカルにうどんが打てるようになれば、なめらかでコシのあるさぬきうどんが、いつでもどこでも楽しめる。

さぬきうどんの打ち方

生地の作り方

生地作りの作業は、うどんを打つ技術のなかで最も重要な工程である。ここでは、塩水作りから麺を茹でるまで（約1時間）を、約10工程を経て、でき上がるように進めている。

　ポイントとなる「手合わせ」は3分ほどの短時間の作業であるが、ここで不完全に合わせると、喉《のど》ごしの悪いうどんになってしまうので、丁寧かつ迅速に作業を進めることが大切。さぬきうどん独特のコシの強い麺に仕上げるため、「足踏み」は丹念に行なうこと。「すかし打ち」は、さぬきうどんならではの高度な生地延し作業である。

材　料（約10人分）

小麦粉（中力粉）………… 1kg
塩………………………………… 40g
水………………………… 460cc
打ち粉（材料外）………… 適量

塩水の作り方

塩水を小麦粉に加えることで、グルテンを引き締め、弾力ある麺が作られる。塩水の量は粉の半分が適量で、濃度は季節によって変える。目安として、小麦粉100に対して食塩の割合（%）は、春・秋は5、夏は6、冬は4加えるのが基本と言われる。

1

塩を用意し、ボウルに入れる。塩は市販のものでよいが、天然塩を用いるとうどんの味を一層引き立たせられるという。

2

分量の水を入れる。水道水を使ってもよいが、ミネラルウォーターなどを使うと口当たりの滑らかな麺になる。

3

箸などを使い、塩が完全に溶けるまで混ぜる。溶けきらない状態で小麦粉と合わせると、生地にムラができるので要注意。

加水

完全に溶けた塩水を小麦粉全体に少量ずつ流し入れながら、粉と塩水がなじむように、まんべんなく混ぜる。用意した塩水を一度に全部入れてしまうと、その日の天候や粉の種類によって、生地がやわらかくなりすぎることもあるので、約1割ほどを残しておき、生地の状態を見ながら必要に応じて足していくとよい。

1

小麦粉を、そのままこね鉢に入れる（篩《ふるい》にかければ一層よい）。粉の種類は、うどんの粘りや弾力性に適した「中力粉」や「めん用粉」を使う。

2

粉を全部入れたら、両手でこね鉢ごと縦、横、全体をゆすって上面を平らにし、粉全体に空気を含ませる。

3

小麦粉の中央部に凹みをつけてから、その凹みに用意した塩水を少量ずつ、手で混ぜ合わせながら加えていく。

4

手にはあまり力を入れず、粉全体に塩水が行き渡るよう、円を描くように、まんべんなく混ぜる。

5

注いでいる間は、休まず混ぜ続ける。天候により全部加えると生地がやわらかすぎてしまうので少量残すこと。

「手合わせ」の時は、少し前かがみの姿勢で手のひらを大きく広げて指先に力を入れ、膝を軽く屈伸させながらリズミカルに行なう。

手合わせ

「手合わせ」とは、小麦粉と塩水をよくなじませてそぼろ状にする作業のことで、出来上がりを決定づける重要なポイント。完了の目安は、小麦粉の色が白色から淡黄色に変わり、粉全体が均一なそぼろ状になった頃。この作業中は練らないこと。

（所要時間目安約3～4分）

1

加水の後、粉の一粒一粒に塩水を含ませる作業。指を大きく広げ、指先に力を入れ全体を混ぜ合わせる。

2

この時、同じところだけ混ぜないように気をつけながら、小麦粉全体に円を描くようにしっかり撹拌する。

3

粉の性質と状態を確かめながら、粉っぽいようであれば、P.33⑤で残した塩水を加えて、しっかり混ぜる。

4

底から粉をかきあげるように混ぜる。加水が足りなければ、指先に塩水をつけ、手を振るように加水する。

◆「手合わせ」中の加水量

手合わせの途中で加水する場合、入れる分量に注意すること。特に初心者の人は、残した分量を全部加えると、やわらかくなりすぎてしまうので、指先に塩水を付け、手を振るようにして数滴の塩水を小麦粉にかけるようにした方がよい。

5

塩水が小麦粉にまんべんなくしみ込むように、3～4分、両手のひらを大きく広げ、根気よく粉を撹拌する。

6

大きな固まりができたら、指先で砕いたりちぎったりしながら混ぜ、粉の一粒一粒に塩水を行き渡らせる。

7

徐々に粉の色が、純白から淡黄色に変化していく。この色の変化が、小麦粉撹拌作業終了の目安となる。

8

両手で粉全体をやさしくかきあげながら、軽く混ぜ合わせ、全体をならして撹拌作業終了。

9

撹拌作業が完了した状態。粉もそぼろ状になり、まんべんなく塩水が行き渡っている。季節に関係なく、この状態になるようにする。

まとめ（1）

小麦粉にしっかりと塩水を行き渡らせたら、こね鉢に広がったコロコロとしたそぼろ状の小さな固まりを寄せ集めて、徐々に一つの玉にする。手先だけに力を入れずに、体全体を使って生地をまとめ上げるようにする。

1

手合わせを終えたら、こね鉢に散らばった粉の固まりを両手で寄せながら、団子を作るようにまとめていく。

2

こね鉢の斜めの面を利用して、少しずつまとめる。一度に全部かためようとせずに徐々に集めていくとよい。

3

横長にまとまった団子状の生地を掴《つか》んで、こね鉢の底や周囲に散らばった小さな粉につけて取っていく。

4

粉を集めてひとかたまりにした後、生地を回転させながら丸めていく。

こね鉢全体を使って、生地を前後左右に押し固めるようにする。

5

まとめ完了。季節によって生地の弾力は多少変わるが、この段階は、生地をまとめただけなので、見た目はボソボソしている。

足踏み

さぬきうどん独特のコシの強い麺にするための工程が「足踏み」。手でもみ込む作業より、足で踏んで生地を鍛えたほうが、グルテンに網状組織を作らせて、弾力あるうどんができる。かかとからつま先へと交互に重心を移動させながら、足踏みは、3回繰り返し、4回目は軽く踏み延す。徐々に足踏み回数は減らしていく。

つま先は外側に向け、生地の中央部から周辺部へと繰り返し移動しつつ、約50～100回まんべんなく踏んで延す。

1回目

1

人間が乗っても壊れない平たい台を使う。まず打ち粉をしてから生地を乗せビニールをかける。

2

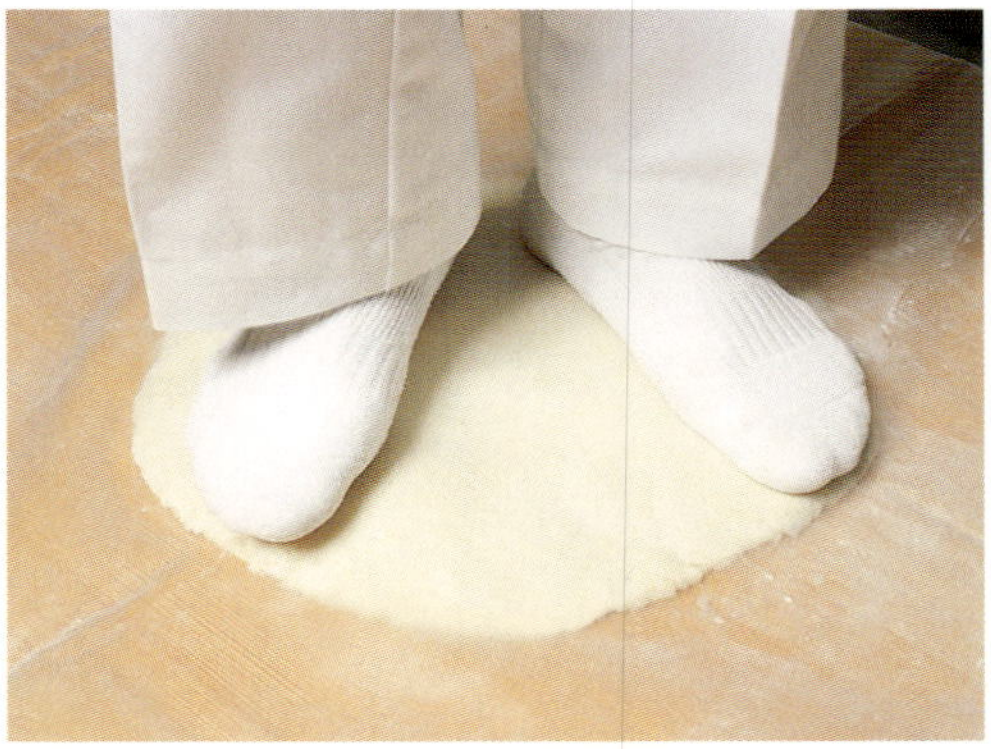

生地の中央に両足をそろえて立ち、1回目の足踏み開始。まんべんなく踏むようにして生地を延す。

3

重心をかかとからつま先へ、つま先からかかとへ移しながら、円形になるように生地の隅々まで均等に踏み延す。

4

約5分間足踏みして、直径約40㎝・厚さ約1㎝にする。この状態になったら裏返して、軽く生地を巻く。

5

生地をロール状に巻き終えたら、両端の口が開かないように、閉じる。

足踏み

2回目

1

生地がビニールにくっつかない程度に打ち粉をし、ビニールをかけて、2回目の足踏みを始める。

2

1回目と同様に1、2、1、2と踏んでいく。徐々に生地に弾力がついてきたことが、踏んだ感触でわかる。

3

足の裏全体に体重をかけ、生地の中心から、外側へと前後左右にムラなく、均等に足踏みする。

4

およそ5分間足踏みして、生地が縦15×横40×厚さ2㎝くらいの横長の平たい四角形になるようにする。

5

生地を裏返し、3つに折りたたむ。まず、片手で生地の$\frac{1}{3}$のところを内側に折り曲げる。

6

次にもう一方の手で、残りの$\frac{1}{3}$を重ねるように折り曲げる。

7

3つにたたみ終えたら、ひっくり返して、軽く両手でひと押しする。

足踏み

3回目

1

打ち粉をし、3つに折りたたんだ生地の上にビニールをかけ、3回目の足踏みをする。

2

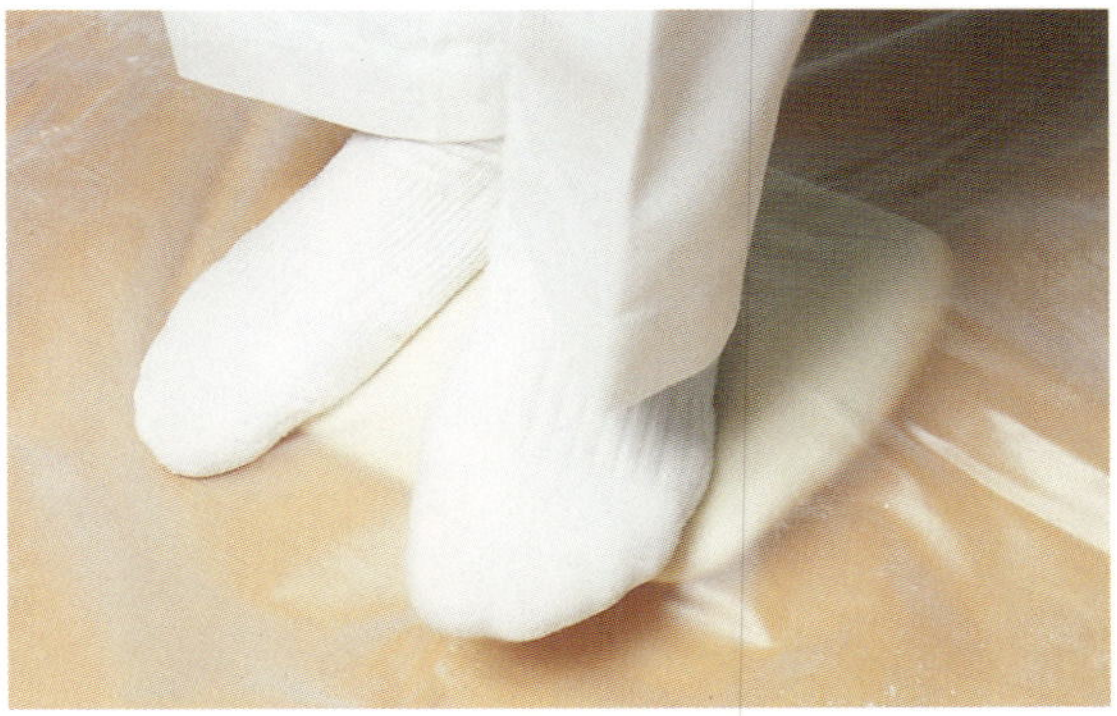

これまでと同様に足踏みをする。1、2、3回目と足踏みの回数が進むにつれて、明確に弾力が増してくる。

3

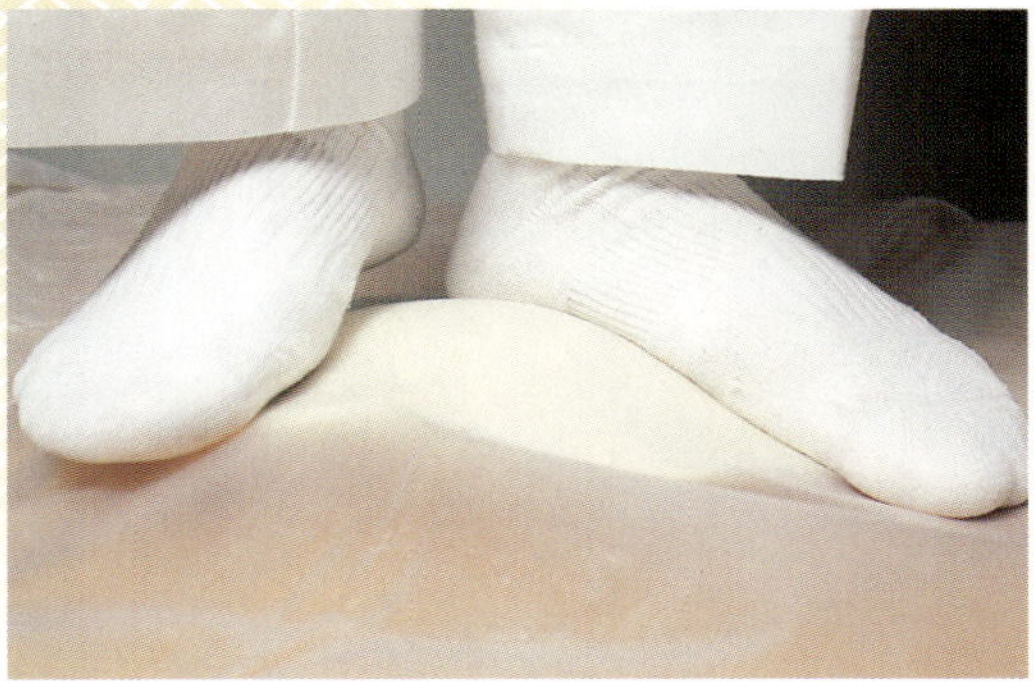

厚さ1㎝くらいになるまでまんべんなく踏み込む。足踏み時間はおよそ3分間。

4

生地を25㎝四方の四角形になるようにする。足踏みして生地を鍛練することで、独特のコシが生まれる。

足の動き

両足のかかとをそろえて生地の中央に立ち、足踏み準備。

かかとからつま先へと重心を移動させ、少しずつ両足を回転させる。

生地全体が均等の厚さになるように、リズミカルに踏み込んでいく。

まとめ（2）

足踏みによって、強い圧力を受けた生地を、熟成させる前に固まりに丸くまとめていく作業。丸くすることで、平らになっている生地より、熟成がゆっくりまんべんなく進んでいく。

1

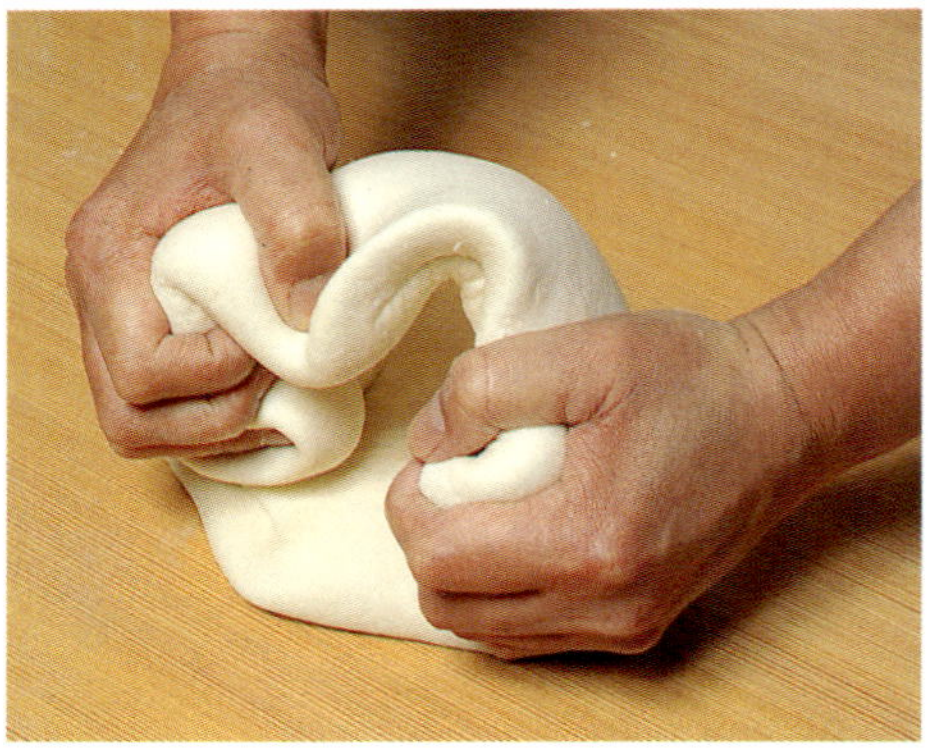

足踏みを終えた生地は、全体のふちを一つにまとめるようにして丸くする。生地をまとめる際、折り込みすじのないきれいな面を外側にする。

2

生地のふちを中に巻き込むようにしながら、両手を使って生地を丸くまとめていく。

3

指先に力を入れ中心へと押し込む。このとき、生地を台に押しつけすぎないように注意する。

【菊もみ】

2回目のまとめ方として「菊もみ」というやり方もある。これは、平らな生地をまとめ上げる際、中心部のひだが菊の花のように見えるまとめ方をしていくやり方である。

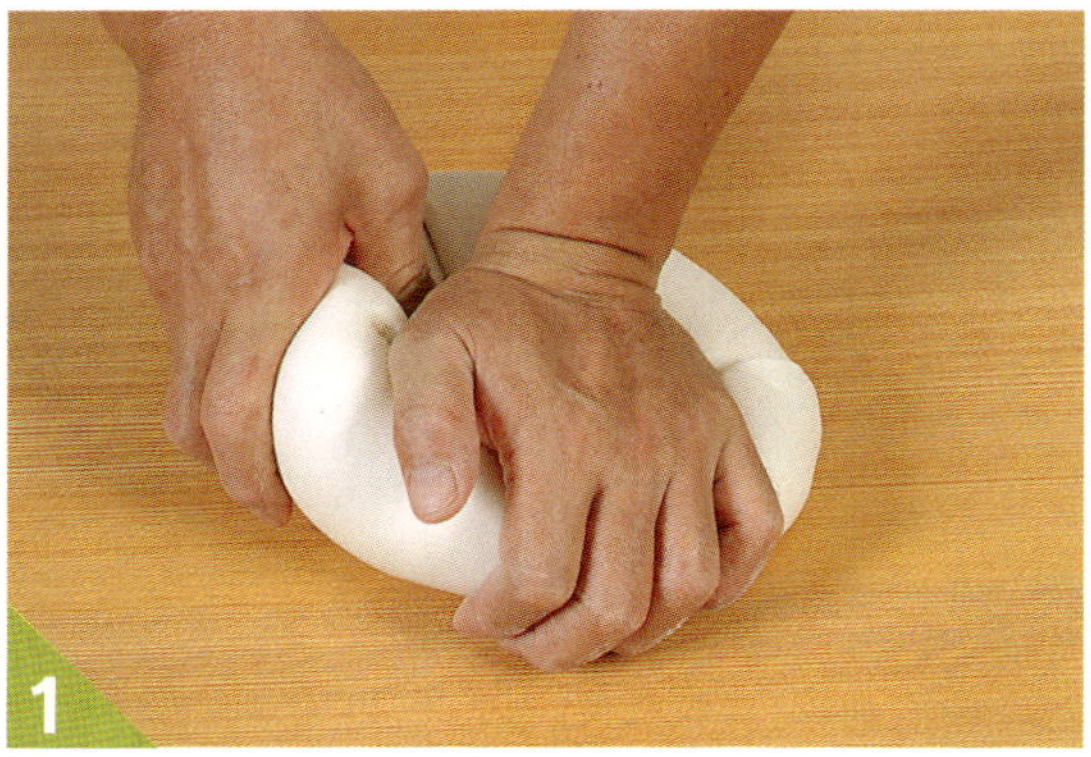

足踏みを終えた生地を、丸型の生地にまとめる。

親指を使い、生地の中心部を外に押し出すようにしてふちを巻き込みながら成形する。

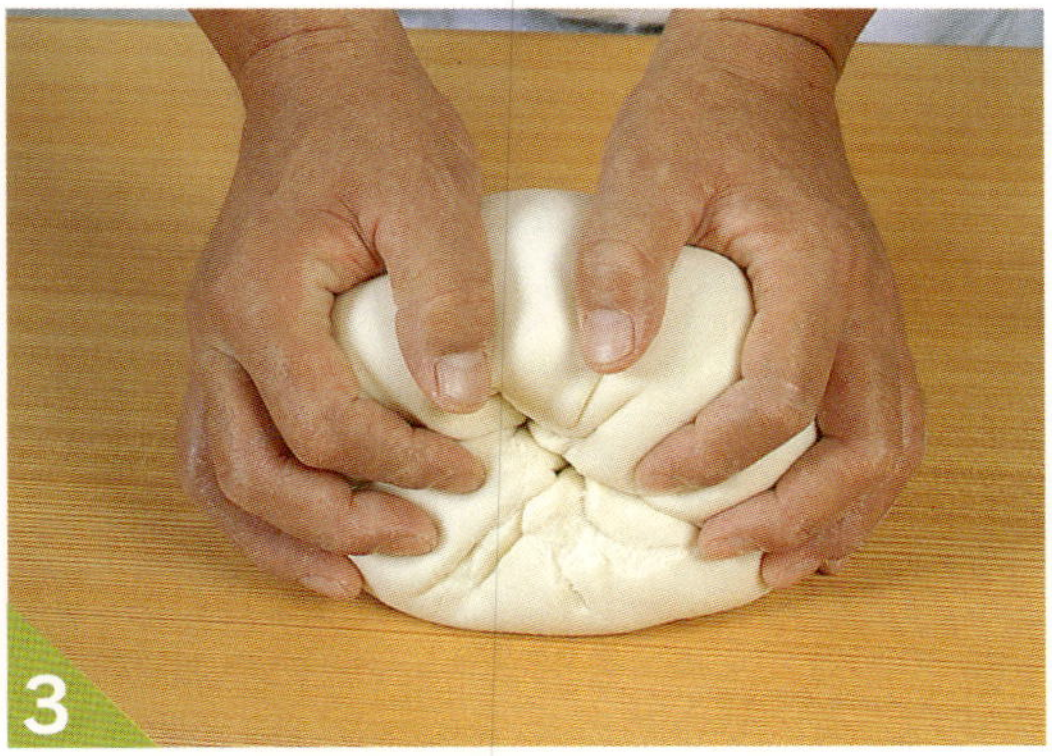

3

体重を両腕にかけながら、②の動作を同様にくり返してまとめる。

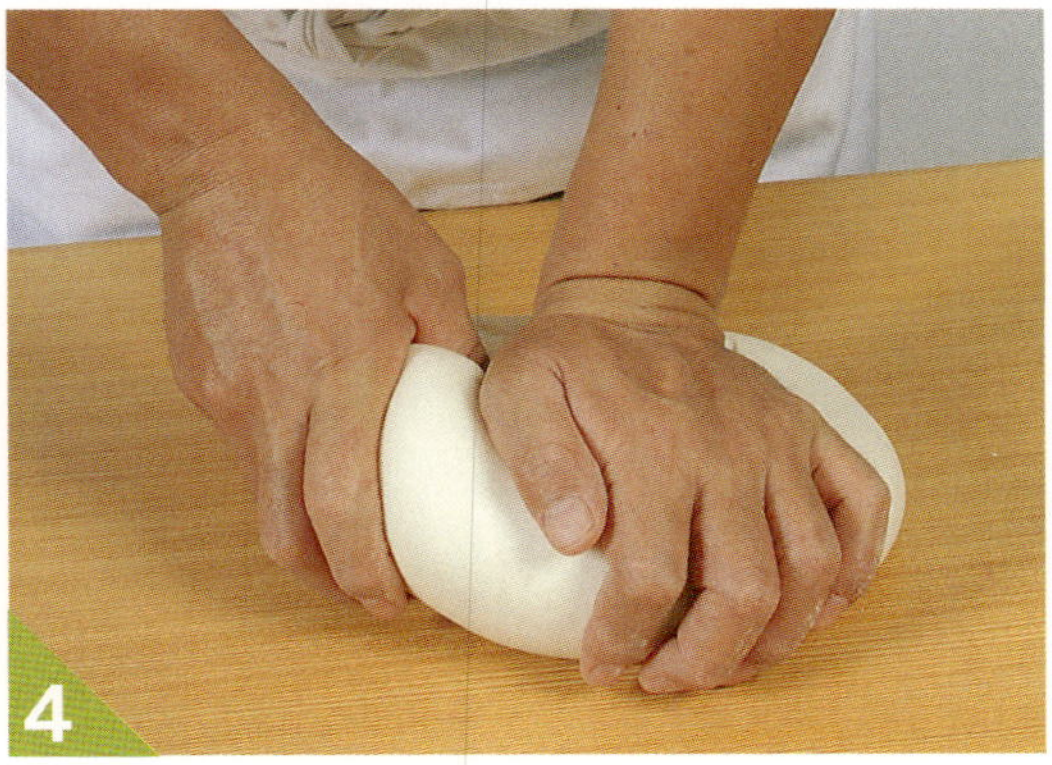

4

常に〝ヘソ〟の部分が中心になるようにする。ヘソを下にして押し込む。

5

菊の花のように見える。閉じた部分が開かないようによじってまとめる。

4

丸くまとめたら、中央の〝ヘソ〟の部分を少しずつひねりながら、突起させる。

5

ヘソができたら、開かないように、絞りながらよじって密着させる。

6

ヘソの面を下に向け、台に1、2度押しつける。両手で回転させながら、美しい円形にまとめる。

寝かし（熟成）

足踏みを終えて鍛えられた生地は、つやもでて弾力ある玉になる。ここで熟成させることで、柔軟性を取り戻させることと、塩水をさらに粉に均一にしみわたらせ、グルテンの形成を容易にさせる。これにより、うどんに弾力と粘りが生まれコシがでてくる。熟成場所は温度変化の少ない冷暗所で、熟成時間は1時間程がよい。

生地を丸型にし打ち粉を振りビニールをかける。温度変化の少ない場所に30分～1時間寝かす。熟成時間は、室温、湿度、加水量、食べるまでの時間によっても異なる。

足踏み

4回目

1

延しの前に、寝かせた生地を足踏みで延す。打ち粉をし、寝かせた生地を置き、ビニールをかける。これまでと同様に、足で踏んで厚さを均等に延す。

2

次の工程の麺棒を使った延し作業がしやすい厚さ1～2㎝まで軽く踏み延す。目安は、直径35㎝、厚さ7㎜。

◆**うどんに合った麺棒**

麺棒は、材質が堅く、太さは直径2㎝、長さ約100㎝がよい。そば打ち用の麺棒よりもやや細めがよいとされる。麺棒が細い方が、生地に加わる力が強いので、うどんを延すのに適している。

延し

寝かした生地を足で踏むなどして平らにした後、麺棒を使った延しをする。はじめに麺棒を使って一定の厚さに延してから、麺棒に巻きつけて延す本延しへと進む。讃岐地方の特徴的な延し方に「すかし打ち」の技術がある。これは、リズミカルにかつスピーディーに行なうやり方のことで延しの工程が素早く均等にできる。ただし技術的に高度なので、うどん打ちの基本を身につけてから覚えるとよい。

1

“ヘソ”の面を上にして打ち粉をする。生地を手前に置き、麺棒は中心から前へと軽く押しつけて転がす。

2

生地を180度回転させ、①と同じように転がす。初めは円形だったのが、徐々にひし形状に変わっていく。

3

麺棒は生地の先端から落とさず延すこと。落とすまで延すと厚みがなくなり、生地が破れる原因になる。

4

さらに90度回転させ、同様の作業をする。麺棒に体重をかけ、隅々まで1、2、3と転がし生地を延す。

5

再び180度回転させ同じ作業を行う。ひし形状の生地がほぼ正方形になる。

すかし打ちの技術

生地を麺棒に巻いたままの状態で延す讃岐独特の高度な技法。麺棒を前方に押し出しながら延し、瞬時持ち上げて手前に戻す。この作業をリズミカルに素早く行うことで、スピーディーに延しができる。

生地を麺棒に巻きつける。

6

ここまでは手と麺棒で、ある程度生地を延す作業。ここからは、生地に麺棒を巻きつけて本格的に延す。

7

打ち粉をし、角を手前に置き、麺棒に角をかぶせ、両手を使ってたるまないよう巻きつける。

8

手前まで引き戻し、両手のひらは麺棒の中央におき、〝1、2、3回転〟と麺棒を前方に押し出すように転がし、3回転させたら、そのまま元の位置に戻す。これを10回程繰り返す。

9

生地を広げる。手で押しながら麺棒を転がした部分が、縦方向に延されている。生地を180度回転させ、⑧と同様の延し作業を再度繰り返す。

10

麺棒による2回目の延しを終えたら生地を広げて90度回転させる。麺棒は延し台に対して垂直になるよう縦に向きを変え、端から軽く巻き、転がしてほどく。片側も同様に行なう。

11

再び麺棒の向きを変え、3回目の延し作業。手早く打つのも、よい麺を作る技術である。

すかし打ちの姿勢

両手は肩幅と同程度の位置。腰でリズムを取りながら麺棒に重心をかけ押し出す。

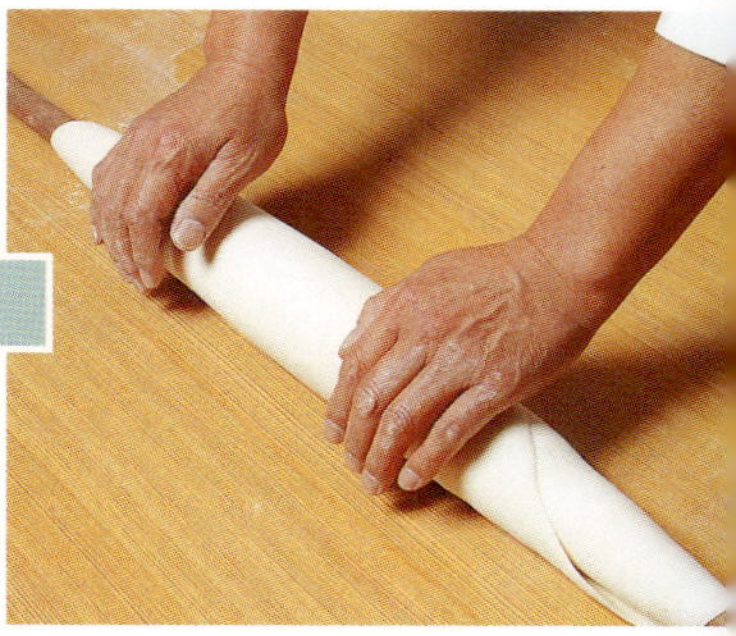

生地を巻いた麺棒に体重をかけ、麺棒を押しながら前方へ転がす。

麺棒を前方に転がしたら、すぐに軽く持ち上げて手前に戻す。この作業を約20回繰り返し延す。

12

3回目を終え、生地を180度回転させて4回目を行なう。延す回数は回を重ねるごとに2～3回ずつ減らす。

13

麺棒を90度に回転させて生地を広げ、手前から生地を巻きつけて延し作業を繰り返す。

14

生地が大きく広がってきたら、あまり強く押しすぎないように注意。延す間、こまめに打ち粉を振る。

15

生地を均等に延すため、両手のひらを中央から端へと軽く押しながら、前方に3～4回、麺棒を押し転がして戻す。

16

仕上げの延し作業に入る。麺棒を軽く小幅に押し転がす作業を繰り返しながら、生地を均等にさせる。

17

生地の厚みが3～4㎜程度になるように仕上げる。延しが終了する頃の生地の大きさの目安は直径60㎝ほど。

◆**延し時間**

麺棒を使って生地の厚さを約3～4㎜まで延す時間の目安は、6～7分で終了させるようにしたい。おいしいさぬきうどんを作るためには、作業を素早く進めることも大切。

18

生地全体に打ち粉を振りながら、表面に厚みやムラがないかどうか手のひらで確認し、あれば麺棒で均一に。

19

厚みの最終確認。生地を2つ折りにして厚みの均一さを確認すると見つけやすい。この時もこまめに打ち粉を。

生地の延し方の手順

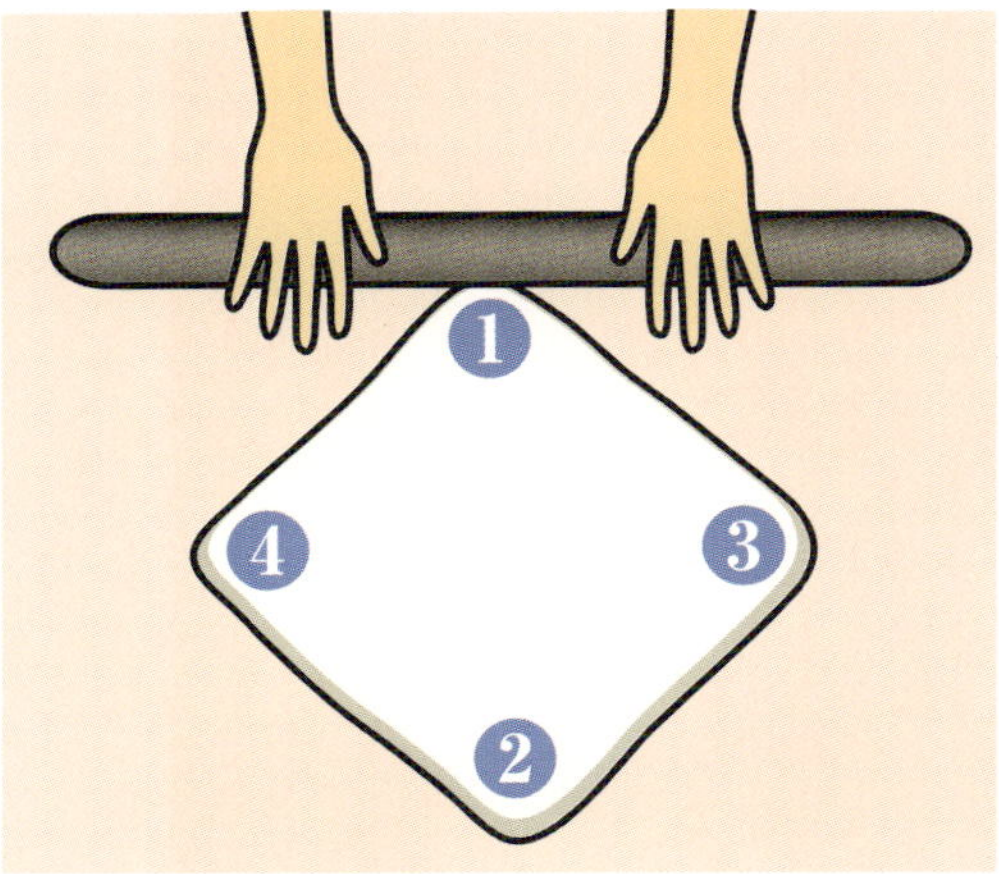

図のように生地の角を手前に置き、打ち粉を振る。まず①～②の方向へ生地を麺棒に巻きつけ、前方に押し出すように転がして延す。同じように②～①へ、③～④へ、④～③へ生地を巻いては延していく。

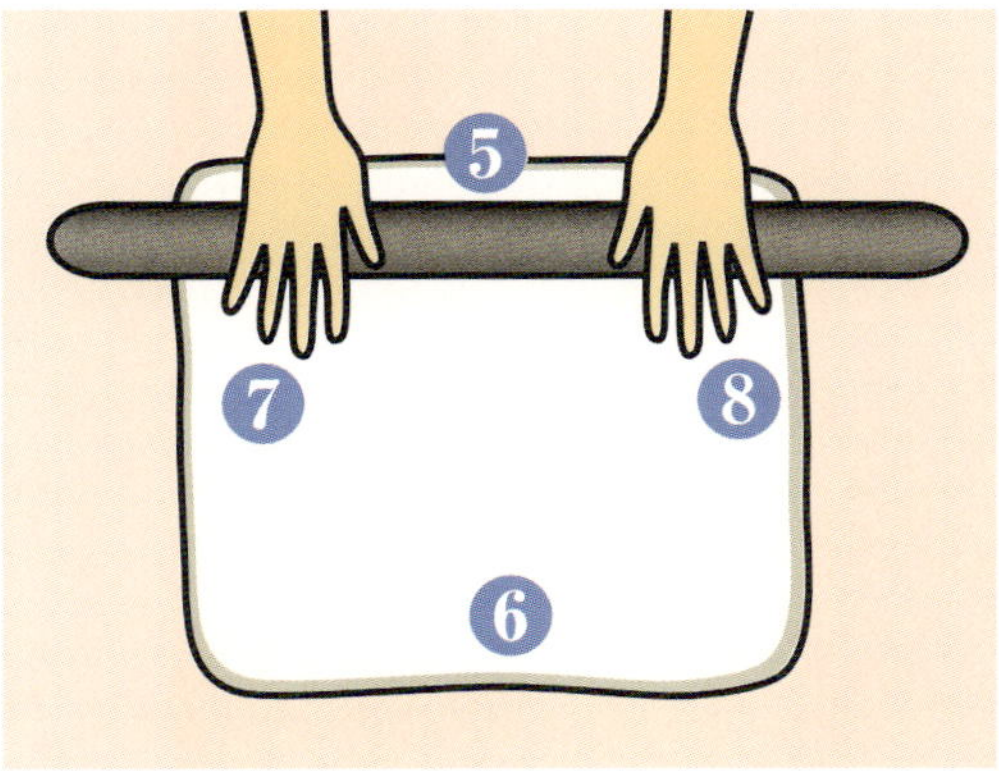

おおむね正方形になってきた生地を同じ要領で、⑤～⑥へ、⑥～⑤へ、⑦～⑧へ、⑧～⑦へ麺棒を使って延す。最終的に全体の厚さが3～4㎜程度になるまで行ない、少なくとも8回は向きを変えて延す。

たたみ

延した生地を切る際、まな板の上で折りたたむ。たたみ方は、生地を交互に折り重ねていくが、下は広く上は狭い山型にする。最初に麺棒に巻き取ってからたたむと作業がしやすい。

1

延した生地を広げて打ち粉をし、麺棒に巻き取る。この麺棒の両端を持ち、回しながら前後に折りたたむ。

2

一番下の生地は約10㎝の幅にし、上に折り重ねていくにしたがって、幅をせばめ、山型に3～4段にたたむ。

生地のたたみ方と切り方

延した生地は打ち粉をし、図のように山型に折り重ねていく。下の広い部分の幅は約10㎝に。切るときは、庖丁を斜め前にまっすぐに押し出しながら切る。

切り方

うどんを切る作業は、麺の見た目の良し悪しを決める重要なポイント。ここで均等な幅に切ることが肝心。太さは約3㎜幅に。太さを均等に切ることは、同じ茹で時間で同じ茹で上がりにするためにも大切だ。庖丁は正しく持ち、リズムよく切っていく。

1

まず生地の両端を切り落として揃える。庖丁をしっかり持ち、左手を庖丁に添えて、約3㎜幅に均等に切る。

2

添える左手は指先を揃え、つめを内側に曲げて庖丁が均等に麺を切るのを支える。リズミカルに切る。

3

庖丁を前に押し出すように切るとよい。

4

だいたい生地の$\frac{1}{3}$程度切ったら、切れ具合を確認する。切った麺を前に広げてみる。

5

切った麺の中央部を束ねて持ち、軽く台にたたきつけながら切れ具合を確認する。同時に、麺の1本1本をばらばらにほぐす。

6

切った麺は、後でまとめて取りやすいように、束をそろえて麺棒の上に乗せておく。

7

全部切り揃えたら、麺の打ち粉をはらい、両手で麺棒を持って、左右揺らしながら切った麺を広げる。

麺切り台を使って切る

1 プロ用には、麺の幅が均等に切れる手動式の麺切り台がある。これは庖丁部分を持ち上げると、庖丁を固定するギアが均等に進む仕組みになっているもの。

2 庖丁を持ち上げる角度によって、麺の幅を調整する。一定の角度に持ち上げれば、麺を素早く切ることが可能。

茹で方

うどんを茹でるのは、麺の内部を加熱するだけでなく、麺の内部に適度な湯を浸透させるためでもある。麺の内部への湯の浸透に多少時間がかかる。茹で上げる目安は3㎜の麺で約12分。釜あげで約10分。

ただし茹で時間は麺の状態や気温等で異なるので、茹で具合を指で触って確認しながら、たっぷりの湯で茹でるとよい。

1

釜にたっぷり水を入れ（目安は生地の重さに対して5倍以上の水）、沸騰させる。沸騰させた湯の中に、切った麺をほぐしながら入れる。

2

麺線同士が湯の中でくっつかないように、すみやかに竹箸で数字の"8"の字を描くように混ぜながらほぐす。

3

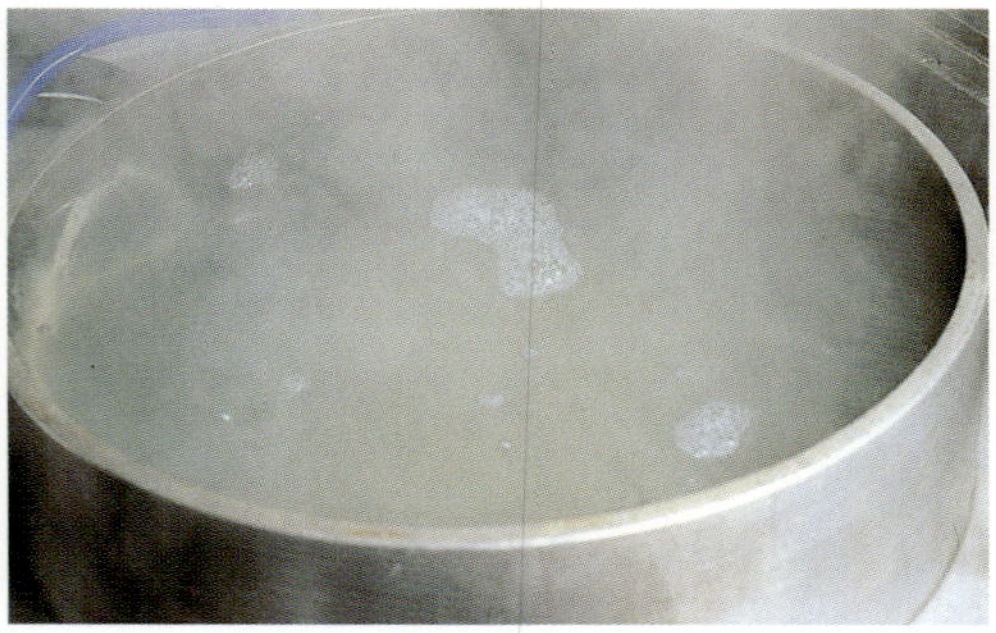

火力はそのまま強火。麺を入れた直後は、湯の温度が下がるため、うどんは釜の底に沈む。

4

30秒～1分たつと、泡が出て、再び沸騰し始めるので麺が湯の対流とともに動く程度に、火加減を弱める。

5

湯が沸騰し、泡が全体に吹き上げて、湯がこぼれそうになったら、さし水をする。

6

さし水は、うどんが茹で上がるまで数回繰り返す。さし水の量は、沸騰が落ちつく程度で入れすぎないこと。

7

茹で上がりの目安は12～15分。竹箸で1～2本すくい取り茹で上がりを確認し、あげ網を使ってすくい取る。

盛り方

茹で上がった麺を、釜からそのままあげ網ですくい、釜の湯もそのまま盛るのが、〝釜あげ〟。〝ざる〟の場合は、茹で上がった麺を、湯から上げて冷水で表面のぬめりを洗う。麺を十分冷すことで茹でのびも防ぐ。水洗いを終えたら、水を切ってざるに取る。なお〝釜あげ〟は少し早めに茹で上げ、茹でた湯ごと器に取って食べる。

【ざるうどん】

1

〝ざるうどん〟などの場合、うどんの茹で時間の目安は約12分。茹ですぎないように注意する。

2

茹で上がったうどんを冷水で冷やす。両手で麺を軽くこするようにして表面のぬめりを取る。

3

水洗いした後、よく水を切り器に盛る。玉盛りの場合はうどん舟に盛る。1玉の分量は3本指に収まる程度。

4

麺は、流れるように揃えて盛る。さぬきうどんならではの光沢のあるうどんができ上がる。

【釜あげうどん】

1

釜あげの場合、約3㎜に切った麺の茹で時間の目安は約10分。茹で具合を確認して上げること。

2

茹で上がったうどんは、直接釜あげ用の桶かどんぶりに移す。この時、茹で汁も一緒に注ぎ入れる。

さぬきうどんの汁《つゆ》の作り方

だしの取り方

讃岐のうどん店で作る汁《つゆ》は、釜あげうどんやざるうどん用のつけ汁、かけうどん用のかけ汁、しょうゆうどん用の〝だし醤油〟など、様々である。これらの汁の基本となるだしの材料は、煮干し、昆布、節類が一般的に使われる。特に昔から使われてきた煮干しが、さぬきうどん独特の風味やうま味の決め手になっているといわれる。

だしの材料

水	15ℓ
真昆布	30g
煮干し（カタクチイワシ）	250g
サバ節	60g
イワシ節（ウルメイワシ）	60g
カツオ節	30g

1

大きめの鍋を用意し水を入れる。この中に昆布を入れ、30分～1時間浸す。煮干しを加えて加熱。

2

火は強火にする。しばらくすると湯の表面にアクが出るのでこまめに取り除く。

3

湯が沸いてきて、沸騰寸前になったら、昆布を取り出し、火加減を弱める。

4

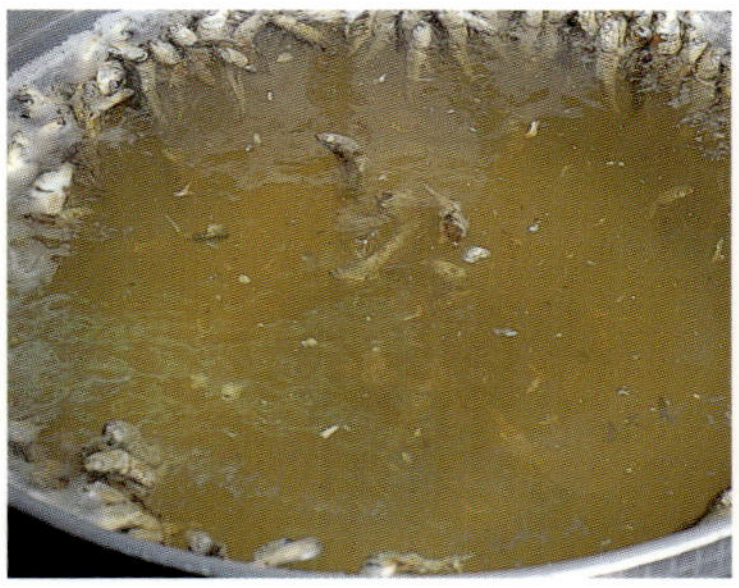

火は弱火にする。煮干しが鍋の中を浮き沈みする程度の火加減に。この時も随時アクを取ることを心がける。

5

弱火にして10～15分たったら、煮干しを網を使って取り出す。だしにほんのり色が付き始め、煮干しの香りも漂う。

●だしの色の変化

写真右から、
①火をつけ始めて5分後（煮干しと昆布を入れた状態）②15分後（昆布を取り出した後）③25分後（煮干しが浮き沈みしている状態）④40分後（サバ節とイワシ節を入れ、10分後）
⑤1時間後（カツオ節を入れた状態）
⑥でき上がり

6

煮干しを取り出したら、火はそのまま弱火の状態で、サバ節（写真右）とイワシ節（写真左）を加える。

7

弱火で15～20分煮る。味や見た目が悪くなるので、常にアクは取り除く。

8

20分ほど煮続けたら、風味づけにカツオ節を入れ、強火にかえる。強火にして、煮立たせたら火を止める。

9

火を止めてから、鍋を1～2分間そのままの状態にしておく。

10

漉し布をセットした容器に、⑨のだし汁をこぼさないように注ぐ。

11

でき上がりのだし。

かえしの作り方

さぬきうどんは、ざるうどんや釜あげうどんなど、つけ汁《づゆ》を使うことが多いので、そばと同様に「かえし」を使う。これは醤油に味醂や砂糖を合わせた濃縮汁のことで、まとめて作り置きしておき、使う分だけだしと合わせてつけ汁にする。

かえしの材料

濃口醤油……………………………………………… 3500cc
ざらめ……………………………………………………… 750g
本みりん…………………………………………………… 1ℓ

1

鍋をよく洗い、水気をとる。ざらめ、みりんを入れ、焦げない程度の強火で、ざらめを溶かす。

2

手を休めずに2分ほど混ぜ続ける。しばらくすると、ざらめが溶けてくるので火を弱める。

3

ざらめが溶けきったら、火はそのままの状態で、醤油を一気に加える。醤油を入れたら、強火にする。

4

表面に浮いてきたアクは、こまめに取る。火力を調整しながら沸騰寸前の状態で6～8分加熱する。

5

アクを十分に取り除いたら火を止め、冷ましてでき上がり。作り置きする場合は、粗熱がとれてから瓶などに移し変え、冷暗所で保存する。1ヶ月程度で使い切る。

汁《つゆ》の作り方

● かけ汁の作り方

●材料

だし……………………2ℓ

淡口醤油…………90 cc

塩……………………約5g

火にはかけず、だしに淡口醤油や調味料を加えて混ぜる。かけうどんを作る時は、汁を温めてうどんにかける。

● つけ汁の作り方

●材料

だし………………………1ℓ

かえし…………… 200 cc

だし5：かえし１の割合で合わせて作る汁。味は濃いめ。

つけ汁《つゆ》とかけ汁《つゆ》

さぬきうどんは関西うどんと違って、ざるうどんなど冷たい状態で食べることも多い。また釜あげうどんも人気がある。いずれもつけ汁に麺をつけて味わうもの。ぶっかけうどんもこのつけ汁を少量かけて食べる。

一方、だしのきいた温かいかけうどんも人気。関西風に淡口醤油を使ったものである。

家庭で簡単にできる しょうゆうどん用の「だし醤油」の作り方

かつて讃岐地方では、うどんに直接醤油をかけて食べていた。これが「しょうゆうどん」として今日に伝わっている。最近は生醤油よりも、味がまろやかな〝だし入り醤油〟が多く使われる。ここでは簡単にできるだしのきいた「だし醤油」の作り方を説明しよう。

材　料（約40人分）

A　だし

水	450cc
花カツオ	10g
サバ節	10g

B　特製醤油（かえし）

濃口醤油	400mℓ
本みりん	150mℓ
上白糖	20g
うま味調味料	約10g

（例：味の素5g、ハイミー5g）

1人前に入れる分量は、約25mℓ程度。薬味を乗せたら全体を混ぜて食べる。

A　だしを取る

1　鍋に水を入れて火にかける。沸騰する間際に花カツオを入れる。

2　次にサバ節を入れてひと煮立ちさせたら、弱火に2～3分かける。

3　色が出たら火を止め、別の鍋に漉し布をかけてだしを漉し、冷ます。

B　特製醤油（かえし）を作る

1　濃口醤油や調味料などを鍋に入れ、沸騰させずに弱火で約10分煮る。

2　沸騰しないように、火加減を調整しながら、時々かき混ぜる。

AとBを合わせる

それぞれの粗熱が取れたら二つを混ぜ合わせ、容器に移し変える。

さぬきうどんの楽しみ方

さぬきうどんの魅力は、いろいろな食べ方のバリエーションがあり、他の地域のご当地うどんや名物うどんと違って幅広いうどんのバラエティが楽しめること。そして、セルフサービスのうどん店など独特の売り方の店もあることだ。

香川県ではうどん店が多いため、「ざるうどん」や「しょうゆうどん」など自分の店の売り物商品を前面に打ち出すさぬきうどんの店も多い。

さぬきうどんの旨い食べ方

さぬきうどんをより深く楽しむために、ここではその多彩なバリエーションの種類と内容、そしてそれらをおいしく味わうための方法について見ていくことにしたい。

ざるうどん

だしの効いたかけうどんと並んで、さぬきうどんの代表的な食べ方の一つ。茹でた麺はよく冷水で洗い、見栄えよく器に盛る。角のすっと通ったつやつやかさとしっかりとしたコシが特徴。さぬきうどんならではの麺のコシとのどごしの良さを堪能するなら、ざるうどんがおすすめ。薬味は細ねぎ、生姜、ゴマで。

しょうゆうどん

かつては家庭や製麺所で、打ちたてのうどんを茹で上げて、生醤油をそのままかけて食べたという。アツアツの麺に醤油風味の効いたこの食べ方が、いまではさぬきうどん独特のメニューとして、多くのうどん店で定着。

多くの店では、温かい麺か冷たい麺のどちらかを選ぶ。薬味に工夫する店もあり、しょうゆうどんが売り物の店では大きな大根をおろし金とともに出すことも。

麺にかける醤油は生醤油からだし入り醤油まで店によってさまざまなので、麺に少し

店によっては大根など薬味で特徴づけるうどん店も――。

「しょうゆうどん」は、お客の好みで醤油をかけて食べる。最初は少なめにかける方が無難。

ずつ醤油をかけ、味を見ながら醤油の量を調節するとよい。

「釜あげうどん」は、麺の旨さがストレートに味わえる。

釜あげうどん

麺そのもののおいしさ、小麦粉の風味を味わうなら釜あげうどんがいちばん。

さぬきうどん店の多くは、注文を受けてから打ち立ての麺を茹で、茹でたお湯とともに器に盛る。だしのよく効いた釜あげ用のつけ汁《つゆ》をつけて供す。アツアツの麺をふうふう言いながら味わう。

釜あげうどんを味わえば、その店がどれだけうどんを丹精を込めて仕上げたかが分かると言われる。体が温まるので特に冬場に好まれる。

「ぶっかけうどん」の食べ方は、①まず麺に薬味をのせ、②次に好みのつゆをかけて、③よく混ぜてから食べる。

釜あげうどんと似たものに〝湯だめうどん〟がある。これは、茹で上げて水洗いしたうどんを、湯をはった器に入れて出すもの。食べ方は釜あげうどんと同様に、少しずつ麺をすくってつけ汁につけて食べる。もともと家庭でよく食べられるうどんだった。

ぶっかけうどん

ざるうどんを手軽に食べられるように、とのお客の要望から考案されたと言われるのがぶっかけうどん。

基本形は茹でた麺の上に、薬味の細ねぎ・生姜などをのせ、お客が好みの分量のつゆをかけて食べる。ぶっかけ用のつゆは、ざるうどんのつけ汁を数倍に薄めたものにしている場合が多い。とはいえ、しょうゆうどんと同様、かけすぎると塩辛くなるので、つゆをかけすぎないように注意する。かけたら、具とともによくかき混ぜて食べる。

ぶっかけうどんも、温かい麺と冷たい麺があり、どちらかを選べる店もある。ざるうどんのお手軽版というには、えも言われぬおいしさのあるうどんである。

打ち込みうどん

油揚げ、人参、豆腐、ねぎなどをうどんとともに煮込んだ料理。味噌仕立てが一般的で、だしは煮干しでとる。昔は家庭料理として、〝しっぽくうどん〟と並んで、地元ではなじみの深いうどん料理だった。年配客には懐かしいうどんだが、うどん店で売っているところは少ない。

ちなみに〝しっぽくうどん〟は、里芋、人参、大根、椎茸、油揚げなどをだし汁で煮込んで、醤油で味付けしたものを具にして、麺にかけたもの。

野菜が豊富なこれら讃岐の伝統のうどんは栄養バランスがいいので、今後はもっと見直されてよいものである。

種もの

種ものとは具のことで、さぬきうどんでもエビの天ぷらやきつねが一般的。しかし、讃岐では〝長天〟などと言われる、じゃこやエビ、白身魚などのすり身を揚げたものもうどんの具として売る店があり、人気を集めている。香川を訪れたらぜひ味わいたい。

また、茹で玉子の天ぷらや山かけ、讃岐牛などを具にして特徴づけている店もあり、食べ歩くのも楽しい。

香川「セルフ型うどん店」探索

香川県には、全国でも珍しいセルフサービス型のうどん店が、町や村のあちこちにある。香川県民は、ごく当たり前のようにこのセルフサービス型のうどん店を毎日使いこなしている。

●安いのはなぜ？

セルフ型うどん店の魅力はなんといっても安いこと。かけうどんが130円、150円という店がざらにある。喫茶店のコーヒーよりも安い。これは、香川県のうどん店の多くが製麺所から生まれたという独特の理由による。うどん玉を卸す製麺所が工場のそばでお客の注文に応じてセルフスタイルで売り始めたため、普通の飲食店よりはるかに安い売り値がつけられた。このため、香川県のうどん店の価格は安く、特にセルフ型の店は圧倒的に安いという今日の姿になった。

とはいえセルフの店はただ安いだけではない。店によっては具の天ぷらなどに力を入れていて通常のうどん店より旨いと評判の店も少なくないのだ。香川ではぜひセルフ型うどん店を探索してみたい。

圧倒的に安い香川のセルフのうどん店。安いだけでなく麺や具に力を入れており、旨い店が多い。昼に行列のできる店も。

セルフ型うどん店の手順

井筒製麺所

セルフ型の店を利用するには慣れないとちょっと戸惑う。一般的なセルフ店の手順を紹介しよう。これだけ知っておけばほとんどのお店で大丈夫。

1 まずうどん玉を取り、熱が通る程度に温める。

2 天ぷらなどいろいろな具から好みのものを取る。

3 ネギや生姜などの薬味類から好みのものを取る。

4 丼に取ったものを店の人に見せて代金を支払う。

5 うどんのつゆをかける。熱いのでやけどに注意。

6 食べ終ったら食器を下げる。汁は自分で捨てる。

うどん（１玉入り）140円
天ぷら１品90円
写真は茹で玉子と竹輪の天ぷら。麺との相性もよい。

『セルフサービスの店　竹清《ちくせい》』

店頭で売り物の天ぷらを揚げ続け、その揚げたての天ぷらをうどんの具にして評判を呼んでいるのが『セルフサービスの店　竹清《ちくせい》』である。昼にはすぐに行列ができるという人気ぶり。20年前は屋台を店先に出して、天ぷらを揚げていたという。

天ぷらを手慣れた手つきで揚げているのはこの店の奥さんで、ご主人は奥の厨房でもくもくとうどんを打つ。

麺はつるつる感のある中細タイプ。だしはかつお節と昆布でとった上品なさっぱり風味。このうどんと揚げたての天ぷらの相性が抜群によい。

◆玉子の天ぷらが評判

売り物の天ぷらは、茹で玉子、竹輪、ナス、かぼちゃなど20種類あり各90円。中でも「茹で玉子の天ぷら」は大人気。半熟状でトロリととろける黄身とパリッとした天ぷらの衣のとり合わせが絶妙で一日に数百個も売れる人気商品だ。

標準的なセルフ方式。お客自身が麺を茹で、薬味・汁《つゆ》をかける。

店頭の一角で次々と天ぷらを揚げる。天ぷらの種類は20〜30種と豊富。揚げるのは奥さんが担当。

昼はサラリーマン客が多く、行列ができる。しかしとにかく回転が早いので数分待てば食べられる。

高松市の県庁近くにある。緑の暖簾〝うどん揚物〟が目印。

人気のナス・竹輪・茹で玉子の天ぷら。特に玉子が好評。

『手打ちうどん　さか枝《えだ》』

連日800人以上のお客を集める人気のセルフのうどん店。朝は7時30分から開店し、出勤前の会社員や学生の朝食としてもよく利用される。

昭和35年にうどん玉の卸しからスタート、昭和50年に現在の2代目のご主人によってセルフうどん店に。約70席ある食堂風の店内は、昼時になると外まで行列ができる。

かけうどん（中）180円
＋わかめ　80円

うどんのだしは煮干しがベースの印象的な味。麺はつるっとしていてのどごしがよい。俵型に巻いたワカメも好評。

ざるうどん（小）160円

注文は先払い方式。最初にうどんの玉数、天ぷらの数（1個80円均一）、組み合わせるご飯類を申告して清算を済ませる。その後、お客自身が麺を取って温め、注文した数の天ぷらを取って、つゆをかけてから客席へと運ぶ。

◆具の〝長天〟も人気！

うどんの麺はやや太めで、だしは煮干しだしであっさりした薄味。薬味の細ねぎは日に100束も使うという。

具の天ぷらは一般的な天ぷらの他にさつま揚げ風の〝長天〟も揃えており、たいへん人気がある。〝長天〟はエビや白身魚のすり身を揚げて作ったものを仕入れている。

ピーク時は休む暇なく次々とうどんを打ち、大きな釜で茹でる。

天ぷらは、通常の天ぷらから〝長天〟まで50種類以上も揃える。昼すぎには売れてほとんどなくなってしまう。

上は地元名物〝長天〟類。左は筍、いんげん、蓮根の天ぷら。どれも1個80円。

約70席ある比較的ゆったりした店内だが、昼時になると外まで行列ができるほど。客層は近くの県庁の職員や会社員、香川大学の学生が多い。

さぬきうどんの楽しみ方

『うどんの庄　かな泉《いずみ》　紺屋町店』

『うどんの庄　かな泉』は現在13店舗展開し、県外へも出店している。中心は通常の接客サービスを行なううどんレストランである。

◆だしはかつお節と昆布で

『紺屋町店』は高松市美術館の脇にあり2、3階は落ちついた雰囲気のうどん店に、1階はセルフサービスのうどん店にしている。1階のセルフ店は、若者から年配客まで幅広い客層に利用されている。お客が麺を取って温め、好みの天ぷらを取り、ここで清算を済ませたら、つゆをかける。麺は中太。汁のだしは、煮干しを使わず、かつお節と昆布で取った、あっさり風味。

高松市美術館の脇にある。店の右側入口がセルフ店で左は2、3階の入口。

セルフコーナーの利用手順は、①うどん玉を取って麺を温め、②数種ある天ぷら類から好みのものを取り、③つゆをかけ、④薬味とたっぷりのかつお節をのせる。

『さぬき麺業　兵庫町本店』

上述の『かな泉』と同様、香川県内を中心に11店舗展開するうどんレストラン。ほとんどは通常の接客サービスを行なう店だが、『さぬき麺業兵庫町本店』は1階がセルフ店で2、3階が座敷席も備えた通常タイプの店。

◆天ぷらや惣菜が豊富に

1階のセルフ店では長いレーンが設置され、天ぷらや惣菜が豊富に揃えられている。つゆは煮干しとかつお節のだしがよくきいている。麺は店の人が茹でるので、県外客も安心して使える。

お客の中心は近くの会社員やOLだが、観光客や出張客も多く来店。

セルフのレーンの手前がうどんの手打ち場。

店は奥行きが長い。昼時は長い列ができる。

2階の落ち着いた雰囲気の小上り席も好評。

讃岐の料理いろいろ

【撮影協力――お四国精進料理・風土料理　まいまい亭】

さぬきうどんを育《はぐく》んだ四国・讃岐地方には、うどんに限らずさまざまな郷土料理や風土料理が伝わっている。瀬戸内の幸や山の幸を生かした讃岐地方ならではのそうした料理に舌鼓《したつづみ》を打つのも、この地を訪れたときの大きな楽しみの一つといえる。

しょうゆ豆

讃岐の代表的豆料理。土鍋でソラマメを炒ってから、醤油・砂糖・唐辛子などで煮て濃いめに味付けする。讃岐の人たちにとって甘辛く煮た「しょうゆ豆」はおふくろの味の一つ。現在も多くのうどん店で売っている。

てっぱい

「てっぱい」の由来は〝鉄砲和え〟からで、唐辛子の辛味の効いた和え物のこと。小魚を使うが、中でも鮒《ふな》のてっぱいは冬の讃岐のご馳走。脂ののった寒ブナを細切りにし、大根やねぎと一緒に赤唐辛子を入れた酢味噌で和える。

まんばのけんちゃん

「まんば」は〝万葉〟と書く高菜の一種で葉を摘んでも次々と芽ぶくことからこの名がある。「けんちゃん」は〝けんちん〟がなまったと言われる。この料理は〝万葉〟と油揚げ・豆腐を醤油風味のだしで炒り煮したもの。霜が降りる頃からが美味の料理。

子持ち鮎のひらら煮

骨までほろほろに柔らかく煮上げた鮎《あゆ》が絶妙な味。煮汁の中に鮎を並べ三日三晩とろ火にかける。長時間煮ているのに、いまにもひらひらと泳ぎだしそうな姿形を保っていることから「ひらら煮」と言われる。四国・吉野川の漁師を訪ねて再現した料理。

イギス豆腐

口当たりがよく消化もいい夏場にぴったりの一品。イギスと言われる海藻を煮溶かし、豆乳を加えてさらに煮る。細切りした人参を入れて型に流し、冷し固める。氷入りの冷水で供し、酢味噌で味わう。

鰆《さわら》のかんかんずし

酢〆めした鰆の押しずしで、讃岐の東部地域・香川県大川郡志度町に伝わる春の郷土ずし。独特の器具を使い、押《お》し蓋《ふた》に楔《くさび》を木づちで打ち込むときのカンカンという音からこの名がついた。この器具のすし枠にすし飯を1升ほど入れ、上に酢〆めした鰆をきれいに敷き詰める。押し蓋に楔《くさび》を十分に打ち込み、一昼夜ねかして鰆の味をすし飯になじませる。昔はお遍路さんの道中食でもあった。

かんかんずしを作る器具。押し蓋の上から木の楔《くさび》を木づちでくり返し打ち込んで締めていく。器具の大きさは縦23㎝×横40㎝×高さ45㎝。昔は楔《くさび》を打つカンカンという音の響きが春の訪れを告げる風物詩だったようだ。

讃岐の料理いろいろ

鯛めし

瀬戸内でとれた真鯛をまるごと1尾使った贅沢なご飯料理。炊き上がりをざっくりと全体に混ぜ合わせてから食べる。鯛の繊細な風味が十分に楽しめるご飯料理だ。5合の米を研いで鍋に入れ、うろこを取った鯛を米の上にのせて酒と淡口醤油だけで15～20分炊く。

セイロあなご飯

質の良さで評判の高い瀬戸内海の穴子を使ったご飯料理。固めに炊いたご飯1合をセイロに入れて、その上に白焼きして細かく刻んだ穴子をたっぷりのせ、タレを全体にかけて蒸す。蒸したてのアツアツを楽しむ。蒸して柔らかくなった穴子とご飯にタレがからまり、たいへん美味。

讃岐の料理いろいろ

祭り天ぷら

讃岐地方でお祝い事に出された料理の一つが〝揚げもん〟とも呼ばれる「祭り天ぷら」。色粉をつけて揚げるのが特徴で、赤や緑、黄色などに色づけされる。使う材料は旬の野菜で写真は筍、いんげん、蓮根、など。

はまち造り もろみたれ

はまちは香川県の県魚でブリの若魚。新鮮なはまちの刺身を、醤油ではなく酢を効かせたもろみのタレで味わう。なじみの刺身もひと味違った旨さで酒が進む。昔から地元に醤油メーカーが多いこともあり、もろみが親しまれている。

メジロのもろみ焼き

ブリの40㎝前後の頃の名がメジロ。このメジロのカマに、もろみをたっぷりぬり、遠火の強火で焦げない程度にじっくり焼き上げる。もろみ独特の香りと旨みが脂ののった身をさらに美味に。

さぬきうどんの歴史探訪

讃岐の風土や人々の生活の中に、脈々と生き続けている「さぬきうどん」。他に類を見ない発展と食文化としての成熟は、どのようにしてもたらされたものなのか。その「さぬきうどん」の歴史を探る。

めん食文化研究所　**小島　高明**

讃岐はうどんの先進地帯

およそ300年前の元禄時代、すでに讃岐にはうどん屋が出現していた。金刀《こと》比羅宮《ひらぐう》の表書院に保存されている、六曲二双の屏風絵《びょうぶえ》「金毘羅祭礼図《こんぴらさいれいず》」と呼ばれるものがある。町方の町並を描いたものの方の中に、三軒のうどん屋が描かれているのが、それである。

参道を歩く1000人もの参詣者、300余軒の店のさまが細かく再現されている。三軒のうち二軒は接近し、一軒は川に近く木戸の内側にある。どの店も男衆がモロ肌ぬぎ、店先でうどんをこねている。粉をこねている店、麺棒で延ばしている店、庖丁切りの真っ最中の店など描写が細かい。

江戸、京、大坂にうどん屋が出始めたのは元禄、享保《きょうほ》のころといわれる。この絵が画かれたのは元禄時代である。京から招かれた狩野派の絵師・岩佐清信によってである。秋の大祭の参道の賑いを、わざわざ彼に描かせたものらしい。その時期にもうすでに讃岐では、うどん屋が現われていたのだ。

この屏風絵は、うどんに関わる讃岐最古の資料であるとともに、香川がうどんの先進地帯の一つであったことを、語ってくれるものでもある。

元禄時代というのは、消費経済が急展開を始めた時期である。台所で作り、食べられるうどんが、商品化の道を歩み始めたということは、この背後の地域社会で、うどんを食べる習慣がかなり広がっていたと見ていいのではないか。

うどんを食べるという風習が、一つのまとまった地域の食文化として成熟する

金刀比羅宮に保存されている屏風絵「金毘羅祭礼図」の部分拡大図。町並の中にうどん屋が描かれている。
（金刀比羅宮　所蔵）

ためには、少なくとも三つの条件が整わなければならない。

その一つは、原料になる小麦が広く栽培され、誰でも手に入りやすい環境ができることである。次は小麦を粉にひく道具の普及である。もう一つは、小麦粉を水でこね、形を作り、熱を加えて、食べやすい状態にする技術、つまり調理加工法が地域住民の間に生活の智恵として行き渡ることである。

まず小麦は、米に遅れること数百年、四、五世紀ごろに伝来したと考えられる。讃岐は地形上水田が少ない。気候が小麦栽培に向いているため、良質の小麦が広く作られたらしい。かつて銘柄品「三県小麦」の一つに、香川県産の小麦が数えられたのはそれを証明するものである。

讃岐が小麦の耕作先進地帯と見られる資料もある。浅野義士の討ち入りから11年後の正徳3年（1713年）、大坂・淀屋橋の「杏林堂」から出版された、百科事典『和漢三才図会《わかんさんさいずえ》』である。

百三巻の小麦の項に「諸国皆これあると、讃州丸亀の産を上とす。饅頭として色白し……」とある。讃岐小麦の優れた評価が、当時すでに定着していたらしい。

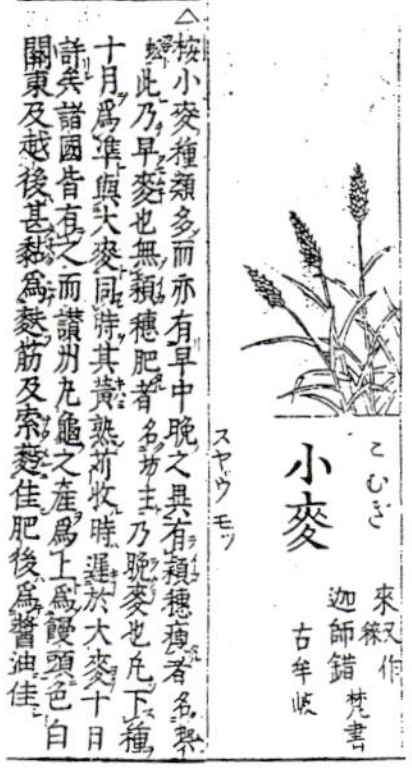

『和漢三才図会』に
讃岐小麦の紹介が。

次に、こね水に入れる塩。これも讃岐では良質のものが多く生産されている。小麦の粉砕器具、手廻しの石臼はこのころになるとかなり普及してきている。

米の収量は少ないが、うどん作りに向く小麦はたくさん穫れる。讃岐において、主食の補《おぎな》い食としてのうどん作りが広まる条件は、十分に整っている。こういう社会的素地があったからこそ、元禄の新しい時代の波に乗り、うどんの商品化という新展開があったのだろう。

うどんの先祖をさかのぼる

讃岐地方でいつごろからうどんが作られ、食べられるようになったのか、まったく分かっていない。讃岐に限らず、良質の小麦のとれる地方では、どこでもうどんがよく食べられたものである。

その昔、うどんは今のように嗜好品ではなく、主食の補い食であった。時代が少しさかのぼって、小麦粉がまだ貴重品であった時代は、行事食、接待食として使われたのである。つまりうどんは、大層なごちそうであったといえる。農村地帯には今もその名残りが、生活習俗の中に色濃く残されているところがある。

「うどん」の呼び名が生まれ、今の形に近い食べものになったのは、500年ばかり前、室町時代の中ごろといわれる。手回しの粉挽き石臼が、富有農民層の間にぼつぼつ普及し始めたのがその辺らしい。

「こんぴらさん」の愛称で全国にその名を知られる金刀比羅宮。本宮へは785段の石段を登る。

しかし、大部分の農民にとっては、これまでの調理習慣、食習慣が捨てきれず、うどんのもうちょっと原始形寄りの、団子汁で食べることが多かったに違いない。

今でも、少し進化した形の団子汁が、郷土食として生き残っている地方があちこちにある。香川の「打ち込み汁」もその一つだと思う。比較的早くうどんに進化した地域だから、早くからうどんが使われ始めたが、もともとぶつ切りの麺に野菜などを切り込んだ、いわゆる団子汁だったに違いない。つまり団子汁は、今のうどんの祖形だといえるようである。

本宮からさらに583段の石段を登ると奥社がある。奥社横の崖の中腹には天狗のお面がある。

現在でも全国から多くの参拝客が訪れる金刀比羅宮の参道には、みやげ物店などが軒を連ねる。

国の特別名勝である「栗林（りつりん）公園」は、見どころ豊富な名園だ。

時代がさらにさかのぼるとともに、うどんは呼び名も形も変っていく。室町中期から平安中期までの数百年間、七夕《たなばた》の日に麺を食べる習わしが、実はかなり広まっていたらしい。かつて特権層の独占的な食べものであった麺が、時代が下るとともに少しずつ、大衆のものになってきたようである。それは索麺《さくめん》などと呼ばれたらしい。

平安時代の麺には、七夕の索麺の他に餛飩《こんとん》・餺飥《はくたく》がある。もう一つ前の奈良時代には、索餅《さくべい》、麺、餅《ピン》などがある。小麦を粉砕し、水でこね、加熱調理する小麦粉食品加工の原理は、もともと千数百年前に中国大陸北西部の、黄河中流域からもたらされたものである。中国大陸では小麦粉を用いる調理食品すべてを「麺」と呼び、今日の多種多彩な形態に発展してきた。

一方、日本列島では気候風土、風習、関連食材などのからみから、麺はうどん、そうめんのように、線条形に発展してきた。ここ数百年にわたり日本の各地で、独自に発達したうどんの手打ち技術は、それぞれの地域に個性のある、地方色豊かなうどんを生んできた。

讃岐のうどん習俗

このように日本中どこにでも、うどんの手打ち技術はあったものだ。明治の半ばに始まった製麺の機械化は急速に進行して、その流れは全国の隅々にまで及び、麺は工場生産化の時代に入ってしまった。このような時の流れ、大衆の生活様式、食生活の変化も重なり、各地域、各家庭に伝え残されたうどん打ちの技の大方は忘れ去られ、滅び去ってしまった。

その大方が滅んだ中で、一部地域にだけ技術が残った。その最大の集団が讃岐である。しかも単に残っただけではない。讃岐の風土と人々の暮らしの中に、脈々と生き続けているのである。今日もなお、県全域の住民の実生活と深く関わりあっており、独得のうどん習俗が生まれた。人々の集まりには必ずといっていいほどうどんを食べ、珍客はうどんでもてなす。

見合い、結婚式、葬式、法事など祝儀、不祝儀を問わずうどんが出てくる。ある地域には「湯殿を新しく作ったとき、初湯舟に浸ってうどんを食うと、中風《ちゅうぶ》よけになる」、という言い伝えがある。おまじないの中にまで、うどんが出てくる。うどんの国ならではの習俗といえる。

農耕儀礼の中にも、うどんは多く登場する。例えば、田植え前に行われる「井手さらえ」。こんな共同作業の後はうどんの最高の出番である。半夏生《はんげしょう》、夏祭り、秋祭りにも、うどんがないとサマにならない。

かつて讃岐では、「うどんが打てんと嫁に行かれん」といわれた時代があった。農村地帯では、誰でもうどんを打ったものである。香川の住民全体を包み込んだ広い裾野の巨大な層に、讃岐のうどん技は守られ、独自のうどん食文化が育てられてきた。現在の讃岐の麺産業は、他に例を見ないこのような基盤の上に存在しているといえそうである。

今や郷土食の域をはるかに越えたさぬきうどんに感謝を捧げるため「献麺式」というセレモニーが行なわれている。二十数年前、全国を回り始めた県の観光PRキャンペーン隊が、各地の天満宮にさぬきうどんの献麺をしたのが始まりらしい。大阪、京都、東京などの天満宮にも奉納し、参拝客にうどんの接待もした。祭神の菅原道真が、かつての讃岐国司であった由緒による。

少し後れて、「こんぴらうどんの会」が金比羅大祭のおりに献麺式を始め、十年ばかり続けた。例年の賑々しい献麺行列は、世間に大きい話題を提供したようだ。

今は「香川県生麺事業協同組合」が引き継ぎ、高松の天満宮へ恒例の行事として、献麺を行なっている。

讃岐では、昔からうどん作りに向く良質な小麦が、広く栽培されてきた。

話は飛ぶが高野山は、空海開山の真言密教の修行道場、空海入定の聖地である。高野山の寺々では、伝統の精進料理の、おふれまい（ふるまい）うどんが、今も出されている。お接待料理の最後は、うどんで締めくくられるという。由来は定かでないが、かつてこの山には、讃岐出身のお坊さんが多かったから、ということらしい。

また、うどんの中には、讃岐でも今はめったにお目にかかれぬ珍しいものもある。「どじょううどん」がそれである。まず、どじょうを真水に入れてドロをはかせる。酒に入れて最後のドロをさらにはかせる。麺は塩抜きでこねる。ごぼう、人参など根菜類、油揚げをたっぷり入れ、どじょうも入れて煮込む。味は味噌で調える。もともと農家のごちそうだったものだ。「どじょううどん」は、現在では香川県長尾町の『いこい』や塩江町の『もみじ屋』などの店で食べることができる。

高松の天満宮で恒例の行事として行なわれている「献麵式」。

水車ひしめく綾川水系を偲《しの》ぶ

香川県の中部を北流する綾川は、38km の小河川だが、水量が多く、水が枯れたことがないという。古くから多くの水車が設置されていたようだ。製粉を業とする大水車が、明治・大正の最盛期には三十数台あったらしい。大水車の合い間あい間に、個人用、集落共用の小さい米つき水車が、それこそ数えきれぬほど並んでいた。

洪水のたびに、そのいくつかが流される。水が引くと再建する。そのいたちごっこは、年中行事だった。近代設備の製粉工場が稼働するまで、綾川流域は、讃岐有数の小麦粉供給基地だったという。川の両岸にずらり勢ぞろいした水車風景は、いい眺めだったに違いない。残念ながら今はもう見ることが出来ない。

綾川流域の滝宮（綾歌郡綾南町）は昔の国司庁に近く、江戸中後期のこんぴら参り最盛期には、琴平街道（多度津・丸亀から琴平）の宿場町として栄えていた。たくさんのうどん屋が軒を並べていたらしい。

この滝宮に竜灯院という寺を開いた、智泉大徳《ちせんだいとく》という僧がいた。智泉は空海の姉の子でおいに当たる。空海は智泉に、唐の麵の作り方を教えた。智泉は覚えて帰り、両親にごちそうしたと伝えられている。空海のさぬきうどん伝来説の根拠は案外この辺りにあるのかも知れない。竜灯院は明治初めに廃《すた》れ、今はない。

空海といえば、彼が留学生《るがくしょう》として滞在したのは唐の都・長安である。長安は当時世界一の都市で、麵食文化が生まれ、開花した中心地域である。小麦地帯で米が穫れない。従って主食は小麦、麵食品である。空海は奈良朝の終りに善通寺で生まれ、青年時代は平安京、大和各地の寺々で勉学修行をしている。当時小麦栽培は広まっていたので、麦畑を見ることは多かっただろう。麵食品を仏前に供えたり、食べたりしたこともあったはずである。

でも長安に着いた空海は、唐の長安の麵を見たり、食べたりして、びっくりしたに違いないと思う。故国の麵と比べて、あまりに違っていたからである。当時の長安の麵は完成期に達していたのに対し、空海の体験した故国の麵は、すっかり時代遅れの、古い技術の麵だったからだ。

空海の唐土滞留は2年で、仏法以外のことは何一つ書き残していない。雑学はすべて頭の中に叩き込んで帰ったのだろう。空海は麵の初伝来者ではないが、大衆の生活技術に深い興味、関心を持った彼のことだから、何かきっと麵に関わる新しい智恵を持ち帰ったに違いないと思う。

平成10年4月、綾南町は綾川のほとりの滝宮に「綾南町うどん会館」をオープンした。うどんの歴史を紹介する常設展示コーナー、うどんの手打ちができる実演室、試食室を備える。さぬき麵食文化の新たな発信基地として注目されている。

綾川のほとり滝宮で、平成10年4月にオープンした「綾南町うどん会館」。

さぬきうどんとだしの話

協力／ヤマキ株式会社

関西のうどんのつゆはかけ汁が主体だが、さぬきうどんはかけ汁もつけ汁も主体である。さらに最近では〝しょうゆうどん〟も直接生醤油《きじょうゆ》を麺にかけるのではなく、醤油にだしを加えた〝だし醤油〟をかけて食べるスタイルが定着しつつある。いずれにしても、さぬきうどんのつゆ類は、だしがすごくよく効いていることがおいしさの重要な要素となっている。

地域別だし素材

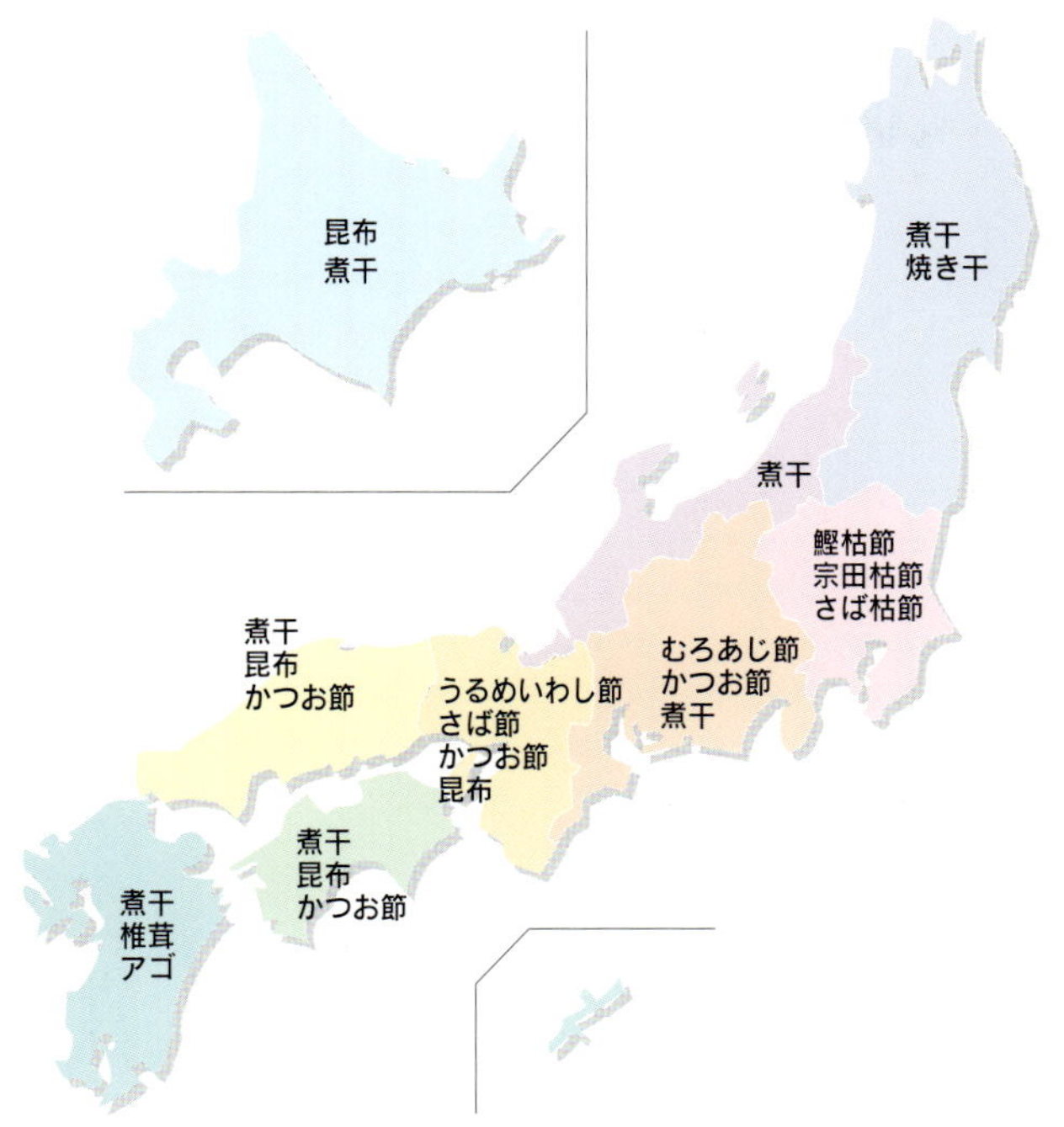

ヤマキフーズ（株）資料より

ところが、さぬきうどん自体の知名度は全国的に高まっているが、さぬきうどんのかけ汁やつけ汁のおいしさについては、あまり知られていないように思われる。四国・香川でうどんの食文化が発達したことと深く関連することでもあるので、ここではさぬきうどん特有のだしのおいしさについて考えてみたい。

現在では、さぬきうどんのだしは煮干しベースの店だけでなく、かつお節ベースのだしを使うというお店もある。しかし、本来的にさぬきうどんのだしといえば煮干しだった。だしの地域特性で見れば、瀬戸内沿岸の讃岐地方は高品質の煮干しが作られてきた地域だからである。

さぬきうどんは瀬戸内の良質な煮干しと、地元産の小麦・醤油で作られた

上の地域別だし素材の図を見ていただきたい。日本は、煮干し中心の地域とかつお節中心の地域、その両方を使う地域の三つに大きく分かれる。この中で四国は、煮干し・昆布・かつお節が使われてきた地域となっているが、中でも瀬戸内沿岸の讃岐地方は良質の煮干し（地元ではいりこと呼ばれる）の産地で、昔から煮干しは広く親しまれてきた。現在でも、香川県観音寺市沖の伊吹島は高品質の煮干しの産地であり、年間で1300ｔあまりが生産されている。

さぬきうどんが生まれたのは、瀬戸内でとれた良質の煮干し、讃岐平野で収穫された小麦、小豆島をはじめ地元で作られる良質の醤油と、好適な条件が揃っていたからだ。

煮干しの原料は、主にカタクチイワシを使う。マイワシでもできるが、現在ではほとんど獲れなくなっている。カタクチイワシの漁獲高が一番安定しており、だしもよく出るので、うどんのだし材料として適している。ウルメイワシも煮干しにするが、漁獲高が不安定で、脂肪が少なくだしも淡白。この他、削り節原料の煮干しとして、サバやムロアジなどもある。

だしの総合メーカーのヤマキ株式会社によるとカタクチイワシの煮干しは、

①だしは黄色っぽく、旨みが強くまろやかな甘味とこく味があるが、苦味、生臭さ等のクセがある。

②ウルメイワシやマイワシよりも比較的濃いだしが得られる。

などの特徴があるという。クセがあるため上品な料理には使えないが、うま味が濃厚なので、麺類のつゆや味噌汁、煮込み料理などに向く。

ところで同じカタクチイワシでも、産地によって味が異なる。下の写真を見ていただこう。背が黒っぽい「背《せ》黒《ぐろ》系」と言われるものと、全体に白っぽい「白口《しろくち》系」と言われるものがある。おおむね、背黒系は潮の流れの早いところに、白口系は潮の流れのゆるやかなところに生息している。

そして背黒系のだしの特徴は、旨みとともに苦味や生臭みが強いこと。それに対して、白口系のだしは、苦味が少なく甘みがあるのが特徴だ。

一般に瀬戸内産のカタクチイワシは白口系で、苦味が少なく甘みがある。これがうどんのだしによく合い、さぬきうどんのつゆのおいしさにつながっている。特に前述の伊吹島周辺で獲れるカタクチイワシの煮干しは味が良いとされている。

煮干しの主なうま味成分はイノシン酸である。煮干しのイノシン酸は旨みが強く、一度食べると味覚の記憶に残り、また食べたくなりやすい。さぬきうどんファンが多いのは、麺自体のおいしさとともに、こうしただしの旨さも寄与しているのは間違いない。

煮干しは、水揚げされたばかりのイワシを食塩水で煮てから、浜辺で天日干しして作られる。最近では機械的に熱風乾燥して作られることが多くなっている。いずれにしても新鮮なうちに素早く乾燥させた方が、殺菌効果が高く、酵素の働きを止めて腐敗を防ぎ、良いだしの出る煮干しを作ることができる。

さぬきうどんをおいしく作るための、上手な煮干しの選び方

さぬきうどんのだしを作る場合、生臭みを抑えることが重要なポイントだ。それには、生臭みの少ない煮干しを選ぶこと。そして臭みが出ないように、仕込み段階で注意することが肝心である。

煮干しを選ぶ時は、まず腹が裂けていないものがよい。鮮度が低下すると腹わたの酵素によって

瀬戸内産煮干し（白口系）。小ぶりで全体に白っぽくつやがある。

鳥取・境港産煮干し（背黒系）。やや大ぶりで背側が黒っぽい。

長崎産煮干し（白口系）。長崎近海の潮流の穏やかな内海で獲れたもの。

長崎産煮干し（背黒系）。同じ長崎近海でも潮の早い外海で獲れたもの。

イワシ類の産地と生産量
（姿煮干と削り節原料、1997年）

長崎県	12,913トン	（33%）
千葉県	5,958トン	（16%）
鳥取県	3,985トン	（11%）
熊本県	2,350トン	（6%）
愛媛県	1,409トン	（4%）
香川県	1,341トン	（3%）
茨城県	1,226トン	（3%）
広島県	875トン	（2%）
山口県	508トン	（1%）
その他	10,525トン	（21%）
計	38,740トン	

ヤマキ（株）資料より

かつお節の産地と生産量（1997年）

枕崎市（鹿児島県）	12,685トン	（35%）
焼津市（静岡県）	11,082トン	（30%）
山川町（鹿児島県）	10,170トン	（28%）
その他	2,592トン	（7%）
計	38,740トン	

ヤマキ（株）資料より

●人気のさぬきうどん店のつゆ分析値（1999年）

	塩分% (w/v)	核酸% (mg/10mℓ)	糖分% (w/v)	MSG (mg/mℓ)	pH
A店（釜あげ）	2.98	3.68	3.47	7.03	5.26
B店（釜あげ）	2.26	2.72	2.14	9.65	5.39
C店（釜あげ）	3.05	1.54	4.66	12.27	5.29
D店（釜あげ）	2.12	6.57	2.21	16.93	5.76
E店（釜あげ）	2.74	4.02	0.72	11.94	5.42
F店（釜あげ）	2.19	5.12	0.05	9.75	5.57
平均値	2.56	3.94	2.21	11.26	5.45

ヤマキ（株）資料より

腹が裂けやすくなるからだ。煮干し製造時に煮すぎても腹が裂けてしまう。

また、脂肪の少ない煮干しの方が生臭みが少ない。脂肪が多い煮干しは腹の白い部分が黄ばんでいるので、白く光沢の良いものを選ぶ。ただし黄ばんでいても質は悪くないので、煮ずに一晩水につけておくと、コクのあるだしが取れる。だが、茶色に近い色のものは脂肪が酸化したものなので使わないこと。

小さめの煮干しの方が生臭みが少ない。大きめのものは頭と内臓を取って使う。その際、サイズが揃っている煮干しを選ぶことも大切だ。

煮干しだしの取り方については本書の「さぬきうどんの汁《つゆ》の作り方」を参照していただくとして、煮干しは煮すぎると生臭みが出るので要注意。

人気のさぬきうどん店でも、煮干し類の使用量は店ごとに違いが——

さぬきうどん店では、煮干しを主体にしながら昆布とかつお節類を使い、生臭さをやわらげている店が多い。また、さぬきうどんではおろし生姜が薬味としてよく使われるが、これも生姜の働きによって生臭みを消すためと言われる。ただ、煮干しの生臭みを敬遠するお客もいるので、かつお節類と昆布だけで、煮干しを使わない店もある。

さぬきうどん店で使うかつお節類は、かつお節の荒節（カビつけしないもの）・そうだ節・さば節・うるめいわし節などで、さば節など雑節類の混合削り節もよく使われる。

上の表は、ヤマキ㈱が調査したデータで、著名なさぬきうどん店の釜あげうどんのつゆを分析したものである。表中の「核酸」とは煮干し・節類のイノシン酸を表し、「MSG」とはグルタミン酸ソーダで化学調味料のことである。イノシン酸の数値にばらつきが多いのは、店によって煮干しや節類の使用量に大きな差があることを示す。

また他地域に比べて「糖分」の数値がやや低め（例えば関東では7～7・5%）だが、これは煮干しから出る甘みのためだと同社では分析する。

だしの専門メーカー・ヤマキ㈱は創業82年の歴史があり、創業以来、煮干し類やかつお節類の削り節をさまざまな用途に向けて製品化している。そして最近は、手軽に本格的なだしが作れるようにと、例えばさぬきうどん専用のだしパックやうどんつゆ、業務用液体だしなど、うどん専門店の味を手軽に出せる製品なども豊富に揃えている。これからさぬきうどんづくりに挑戦する人にとって、同社の製品群はたいへん役立つはずだ。

■参考文献／「新・食品事典7調味料」（真珠書院）、「そば　そば料理」（旭屋出版）、ヤマキ㈱社内資料

ヤマキ株式会社
☎03-3251-1082（業務用事業部）

〈市販品〉

〈業務用〉

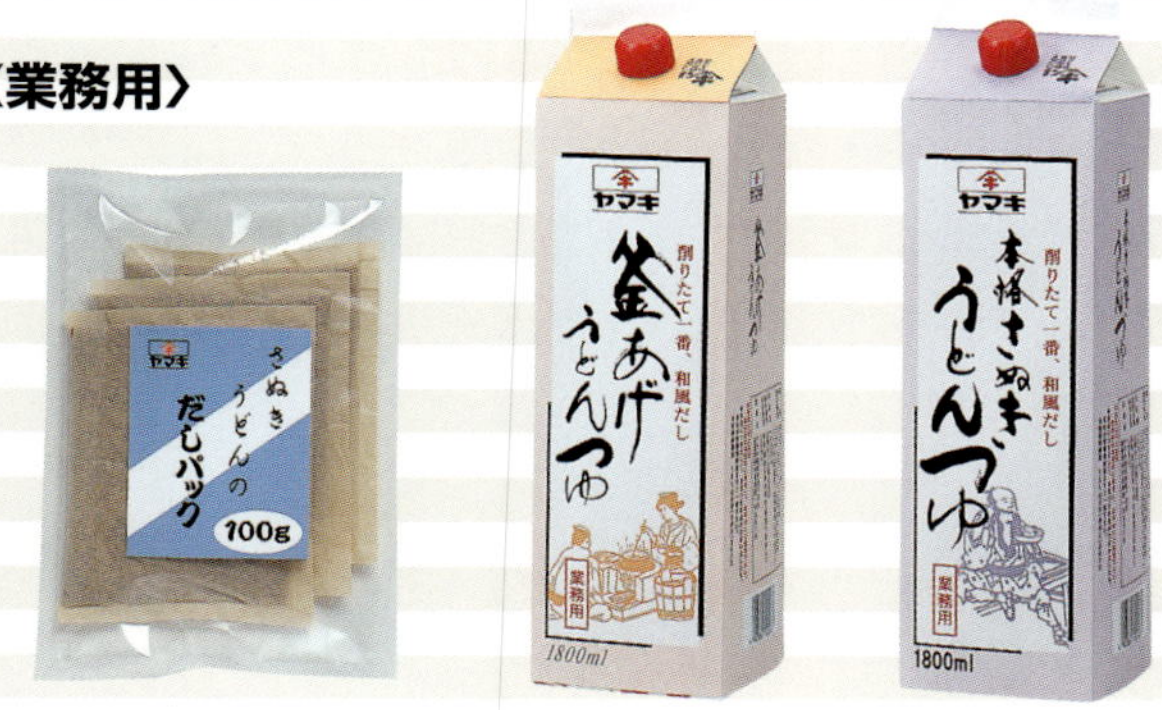

だし製品の総合メーカー・ヤマキ㈱では、料理や麺類に手軽に使えるだし類やつゆ類を豊富に揃えている。うどん用だけでも、さぬきうどん用だしパックをはじめ、煮干しの削り粉、かつお節の厚削り、さぬきうどん用つゆなど便利でおいしく作れる製品が多彩だ。

〈通信販売〉

液体だしとして好評の「天然のおだし」シリーズ。本製品の問合せ・注文は直接下記へ。
0120-84-3886
ヤマキフーズ㈱

さぬきうどんと醤油の話

協力／マルキン醤油株式会社

明治40年創業以来のマルキン醤油㈱の天然醸造蔵。国内最大規模で、1樽は30石（約5.4kℓ）。

うどんは日本各地の地域ごとの嗜好に合った味づくりがなされている。特にうどんのつゆは地域の嗜好が色濃く反映され、関東の濃口醤油を使った濃い色のつゆ、関西や九州の淡口《うすくち》醤油を使った透明感のあるつゆといった違いはその典型例だ。

こうした中にあって、四国・香川ではかけうどんだけでなく、ざるうどんや釜あげ、しょうゆうどん、ぶっかけといった食べ方のバラエティの豊富さに合わせ、うどんのつゆも濃口・淡口の両方の醤油を使ってさまざまな味を楽しむのが特徴だ。

日本人の食生活に関わり深い醤油。この醤油はどのように作られるか

醤油は日本人の食生活に関わりの深い調味料だ。日本における、大豆を原料とした醤油の起源としては、鎌倉時代に紀州・湯浅の興国寺を開山した僧が、径山寺《きんざんじ》味噌の作り方を村人に教えていた時に偶然できたと言われる。

醤油の働きは、塩味・甘味・苦味・旨味などを複合的に含んだ調和のとれた自然なうま味で、食べ物の味をぐんとおいしくすることである。

現代の醤油の種類は幅広い。日本農林規格（JAS）によって濃口醤油、淡口醤油、たまり醤油、白醤油、再仕込み醤油の五つに大きく分類される。

一般に醤油と言う場合、ほとんどは大豆と小麦を原料に作られる濃口醤油のことをさす。

淡口醤油は色を薄く仕上げたもので、製法は濃口醤油とほとんど変わらない。

この他、たまり醤油は大豆だけを原料とする、色も味わいも濃厚なタイプ。白醤油は色のほとんどない透明な醤油で、小麦を主原料にして作る。

再仕込み醤油は食塩水の代わりに生揚げ醤油を使って仕込んだもので、醤油を二度作るような製法

醤油の作り方

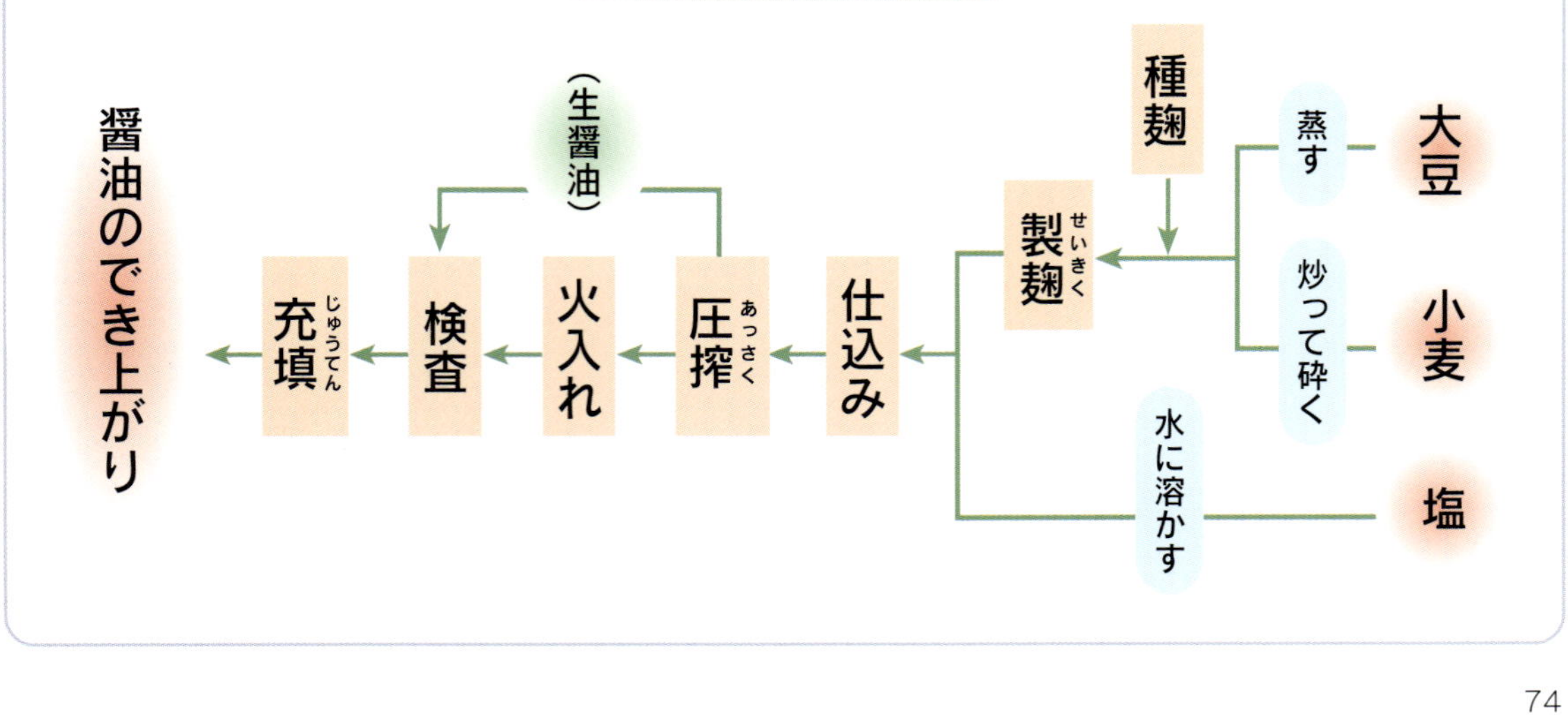

香川・小豆島のマルキン醤油の工場。ここから瀬戸内海を経て全国に出荷される。

による濃厚なうま味が特徴だ。

このうち代表的な濃口醤油は、大豆と小麦をほぼ同量使って作る。まず、大豆は蒸してつぶし、小麦は炒って砕き、この両方を混ぜ合わせて種麹《たねこうじ》を植えつける（製麹《せいきく》）。これに塩水を加えてもろみにする。もろみは大型の樽（発酵タンク）に入れて、半年から1年間発酵・熟成させる。熟成させたもろみを絞り出す（圧搾《あっさく》）と「生醤油《なましょうゆ》」ができる。これを加熱殺菌（火入れ）した後、厳しい品質チェックをへて容器に詰められる（充填）。

讃岐地方のうどん店でもよく使われている、香川県小豆島の醤油メーカー・マルキン醤油株式会社では現在も、明治40年の創業以来の国内最大規模の天然蔵で天然発酵させた醤油を醸造している。瀬戸内海の温暖な気候のもとで醸造される醤油は、品質の高さで全国によく知られている。

マルキン醤油㈱には醤油製品が豊富にラインナップ。さぬきうどんの多彩な楽しみ方に合わせて選びたい。

同社の醤油醸造には二通りの製造工程がある。前述した天然醸造と、人工的に温度管理した発酵タンク内で醸造させる方法の二つである。天然蔵で発酵・熟成させる場合は、仕込みに約1年かかるが、発酵タンク内で仕込む場合は約半年でできる。昔ながらの製法と現代的な製法とで、数多くの製品を作りだしている。

さぬきうどんに使う醤油は、製品ごとの特徴をよく知って選ぶ

さぬきうどんには、前述したように濃口醤油も淡口醤油も使う。醤油選びでも、製品ごとの特徴をよく知って選びたい。

マルキン醤油の濃口醤油の場合、「本醸造こいくち醤油」はうどんに限らず料理一般に幅広く使える。売り物の一つの「生醤油《なましょうゆ》」などは天然醸造したものを火入れせずに、生のおいしさをそのまま商品化。しょうゆうどんなど醤油のうま味も楽しみたい場合にはおすすめである。

また「デラックスこいくち醤油」や「特選こいくち醤油」はうま味成分が「こいくち醤油」より多く含まれており、うどんやそばのかえしに最適。同様の「デラックスうすくち醤油」などもあり、うどんのかけ汁用に使うとよい。

さらに「デラックスつゆ」は醤油にかつお節や昆布などのうま味を加えたもので、煮物などの他、茹でたうどんにそのままかけるだけでもおいしい。

うどんの本場ならではのマルキン醤油の製品は、これらの他にも幅広く揃えている。豊富な製品群から選んでさぬきうどんづくりに活用すれば、うどんのおいしさが一層引き立つに違いない。

■参考文献／「新・食品事典[7]調味料」（真珠書院）、「醤油の話」（マルキン醤油）他

マルキン醤油株式会社
☎06-6444-5465

かつて工場だった建物に醤油資料を収めた「マルキン記念館」。この建物は文化庁有形文化財登録建築物。

さぬきうどんと小麦粉の話

協力／木下製粉株式会社

つるつる、シコシコとしたさぬきうどんのおいしさの主役が「麺」であり、その原料が小麦粉である。ひと口に小麦粉といっても、じつにさまざまな食べ物の原料になっている。うどん、素麺、ラーメン、スパゲッティ、パン、お好み焼、クッキー、ケーキ、饅頭、たい焼き…等々、何にでもなる。小麦は粉に挽くことで、多彩な食べ物の原料になるのである。

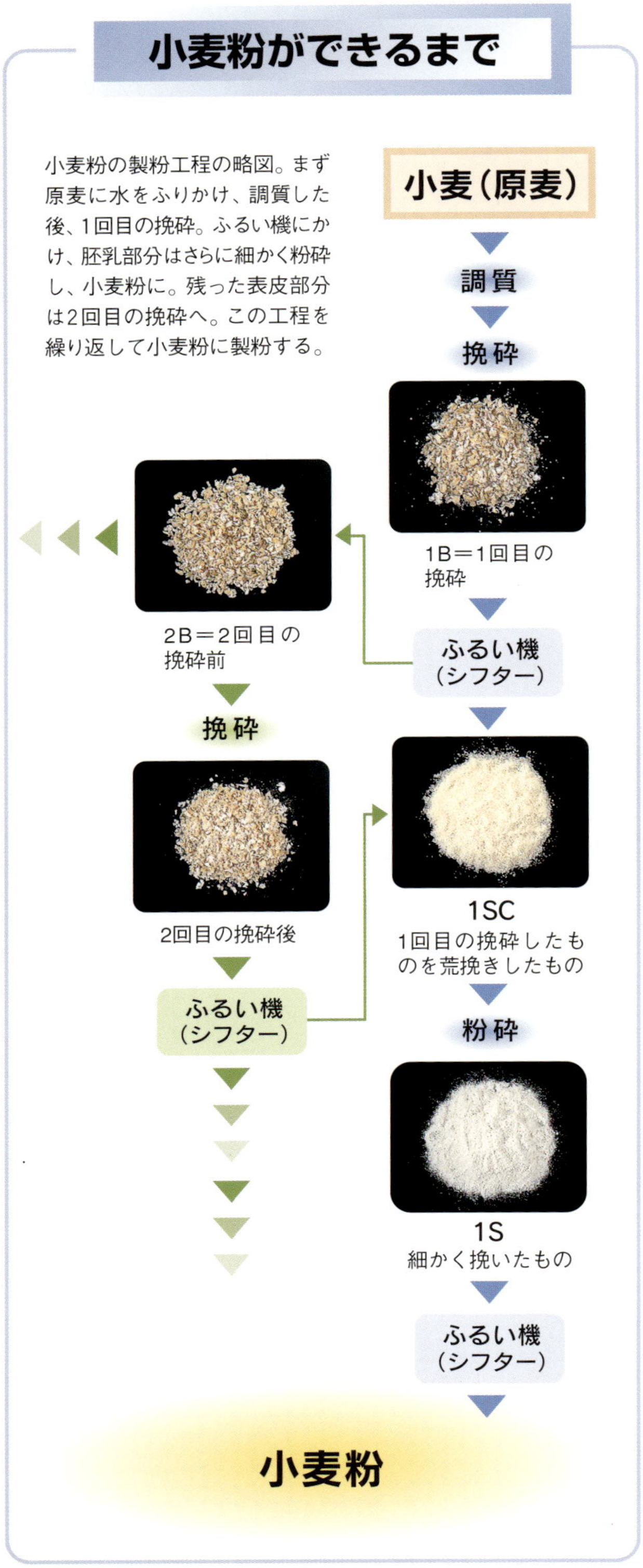

小麦粉のいろいろな種類と一般的な製粉の工程

小麦粉は、グルテンというたんぱく質含有量の違いによって、作るのに適する食品が異なる。グルテンが多い順に強力粉、準強力粉、中力粉、薄力粉と分けられ、グルテンが多いほど弾力がある。強力粉・準強力粉はパンや中華麺、中力粉はうどん、薄力粉はクッキーや天ぷら粉などに使われる。

この分け方とは別に、日本では等級で分ける方法もある。一等粉、二等粉、三等粉、末粉《すえこ》という分け方だ。等級が高いほど、小麦粉に含まれる灰分が少なく、色は乳白色に近くなる。逆に灰分が多いと、色はくすんだ茶色に近づく。灰分とは燃やした後に残る無機質分のことで、これが多いからといっておいしくないわけではない。ただ、色やのどごしを重視するうどんには、灰分が少ない方がよいとされる。

一般に、さぬきうどんをはじめとしてうどん用には、中力粉の一等粉が使われることが多い。

小麦粉を製粉するのは大手製粉メーカーから地場の中小メーカーまで数多いが、製粉方法は原理的には同じである。

なお、小麦の粒の約85％が胚乳と呼ば

れるもので、このほとんどが小麦粉になる。

香川・坂出のうどん用小麦粉製粉メーカー、木下製粉株式会社によると、製粉方法は右頁の「小麦粉ができるまで」の図のようになる。

まず、小麦の原麦に少量の水をふりかけてねかせる。この工程を「調質《ちょうしつ》」という。調質で、適度に小麦を湿らせて砕《くだ》きやすい硬さにする。水分を湿らせることで、中の胚乳の部分は粉になりやすくなり、逆に表皮の部分は湿ることで砕けにくくなるからだ。

調質の工程を終えたら小麦の挽砕《ばんさい》に入る。1回目の挽砕（1ブレーキ＝1Bという）で中の胚乳部分を砕き、ふるい機にかけて胚乳部分と表皮部分に分離する。ここで分離された胚乳部分をさらに粉砕して細かく砕き、ふるい機にかけると、最も良質の小麦粉となる。

1回目の挽砕で分離された表皮部分には、まだかなりの胚乳が付着している。これを2回目の挽砕（2B）でさらに胚乳と表皮を分離。分離した胚乳部分をさらに細かく粉砕すると、1回目に挽砕した場合よりもやや灰分の多い小麦粉となる。

小麦粉の製粉工場。上は小麦を挽砕するロール機。左は挽砕された小麦のふるい機。

このような工程を繰り返して、表皮に付着している胚乳をほとんど小麦粉として分離するのである。そして、さぬきうどんには1回目、2回目の挽砕でできた灰分の少ない小麦粉を使う。

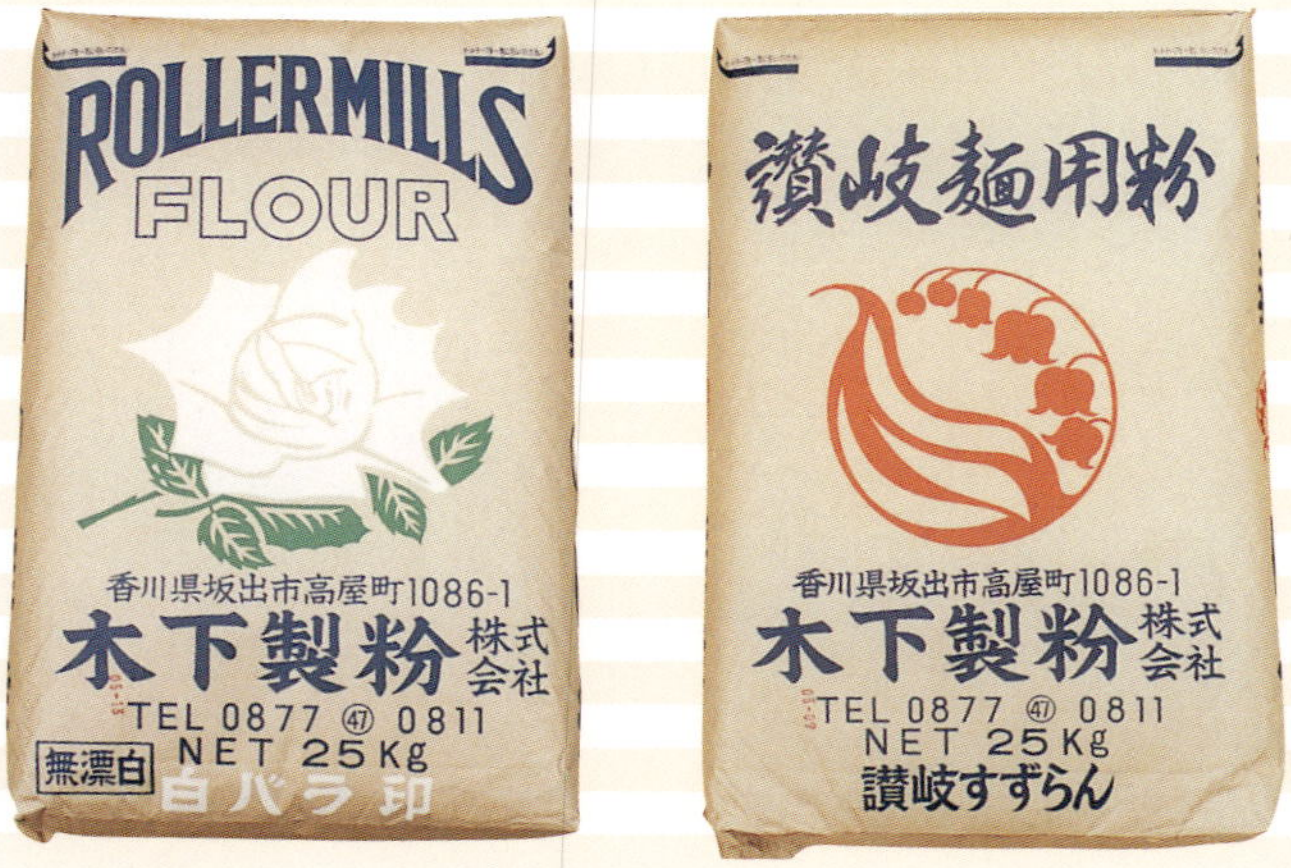

木下製粉㈱のうどん用小麦粉製品。同社では粉の良否を左右する挽砕工程を重視し、小麦のでんぷん組織が壊れすぎないよう細心の注意を払って製粉するという。写真右の「讃岐すずらん」はさぬきうどん用の高品質の小麦粉。左は讃岐のうどん店で広く愛用されている小麦粉。

日本で使う小麦粉のほとんどは輸入小麦。現在讃岐の地粉も品種改良中

国産小麦を内麦《ないばく》、輸入小麦を外麦《がいばく》という。現在日本で使う小麦粉の90％以上は外麦。輸入先は米国、カナダ、オーストラリアが主要なところで、さぬきうどんに使う小麦はオーストラリア・スタンダード・ホワイト（ASW）という種がほとんど。色の白い中力粉で、うどんに最も適した小麦とされる。つるつる、シコシコとした食感のさぬきうどんは、ASW主体の小麦粉によるものということである。

香川県では現在、県内産の小麦品種の改良に力を入れており、近い将来に讃岐独自の小麦粉によるさぬきうどんの復活をめざしている。

木下製粉では、独自の配合によるさぬきうどん専用の小麦粉や、うどん専用粉などを取り揃えている。普通のうどんは市販の中力粉でも打てるが、本場のさぬきうどんを打つには、ぜひ専用の小麦粉を使ってチャレンジしてみたい。

■参考文献／「粉屋さんが書いた小麦粉の本」（三水社）、「そばうどん・麵料理」（旭屋出版）

木下製粉株式会社
☎0877-47-0811

木下製粉㈱はさぬきうどんの地元、香川・坂出で麵用小麦粉を専門に製造する製粉会社。麵に適した良質な小麦粉の開発を進めている。

さぬきうどんと塩の話

協力／味の素株式会社

うどんを打つ場合、加える水の中に必ず「塩」を使う。それだけ、うどん打ちには塩が重要な役割を果たしている。

うどん打ちの際の塩の役割は、

▼グルテンを引き締める

▼発酵を抑えたり、腐敗を防ぐ

などがある。もしもうどん打ちに塩を使わずに水だけで打ったら、うどんの芯が固くなり、茹で上がりまでの時間もかかる。うどんらしい弾力のあるおいしい麺に仕上げるには、塩は欠かせないものなのだ。

ところがひと口に塩と言っても、最近いろいろな種類の塩が出回るようになってきた。うどんの加水に使う場合も、どんな塩を選ぶかがうどんの微妙な味わいを決める重要なポイントの一つになっている。特に知っておきたいのは〝天然塩〟と言われる塩である。これは、純粋な塩化ナトリウムではなく、にがり成分を含んだ塩で、塩辛さだけでなく、まろやかで深みのある味わいがあるのが特徴だ。この味わいによって、プロの料理人が好んで天然塩を使うようになっている。

うどんを打つ場合、小麦粉に対し3％～5％の塩を使う。そしてこの塩は、麺を茹でる際にだいたい湯に溶けだしてしまうが、それでも微量の塩が麺の中に残る。釜あげうどんであれば、塩が溶けだした湯も一緒に器に盛り、この茹で湯とつけ汁が混ぜ合わされたつゆで、茹で上げた麺を味わうことになる。こうしたことから、うどん打ちでも天然塩を使うと、まろやかなうどんに仕上がるということができる。

規制が緩和され、天然塩の販売量が年々増加中！

塩は平成9年4月に塩専売法が廃止され、製造面での規制が緩和された。本格的な塩の製造や輸入、販売の自由化は5年間の経過措置後ということになるが、それまで規制されていた海水を原料とする塩の製造や、外国製の塩関連製品の輸入が認められるようになった。スーパーなどでさまざまな塩が売られるようになったのはこのためだ。

塩は現在、「センター塩」「特殊製法塩」「特殊用塩」の3つに分類される。

「センター塩」というのは、以前いわゆる専売塩と呼ばれていたもので、現在㈶塩事業センターが取り扱っている食卓塩や精製塩などの塩のこと。

「特殊製法塩」は主に〝にがり塩〟のことで国産塩または輸入塩を原料として加工されたもので、塩化ナトリウムが60％以上のもの。一般に〝天然塩〟と言われるものはここに分類される。

「特殊用塩」は輸入された塩製品、および塩化ナトリウム含有量が40％以上60％未満のスパイス塩と呼ばれるもののこと。

現在、日本国内の食用塩市場の中で「セン

天然塩（左）は湿り気があり味もまろやか。右は食卓塩。

ター塩」が約80%を占め、「特殊製法塩」が約18%を占めている。そして「センター塩」の販売量が年々減少する一方で、「特殊製法塩」つまりにがりを含んだ天然塩の販売量が年々増加している。飲食店やレストランのみならず一般家庭でも天然塩を使う量が増える傾向にあるのである。

海水に含まれるマグネシウム・カリウム・カルシウムなどがうま味に

では天然塩はなぜおいしいとされるのか。塩の原料は大きく分けて海水と岩塩がある。

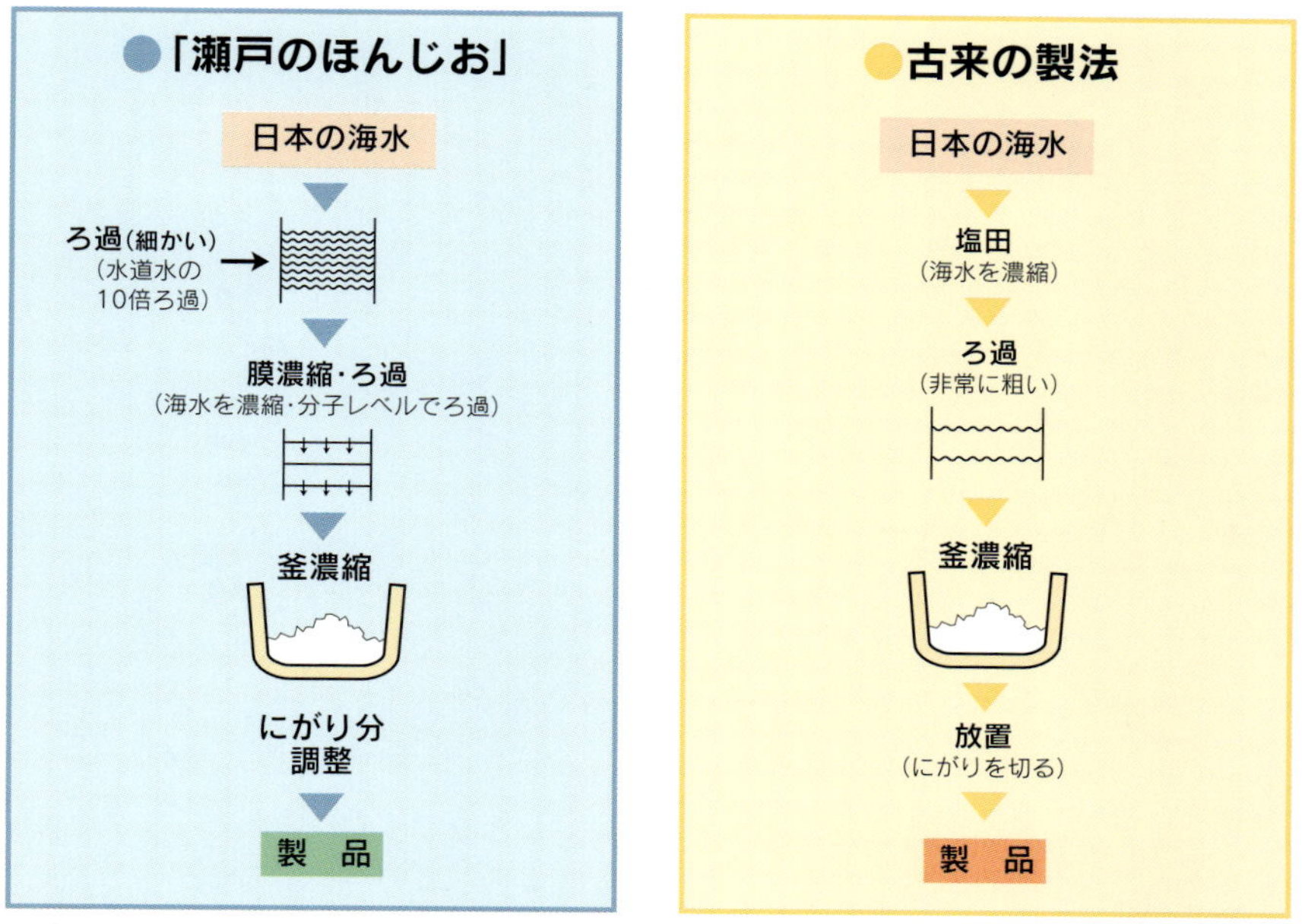

日本では昔から右図の手順で海水から塩が作られてきた。味の素（株）の「瀬戸のほんじお」は伝統的な手順を現代的な手法で製造し、衛生的でにがり分の多い塩に仕上げている。

海水には水96・5%に対して塩類が3・5%含まれている。この塩類のうち78%が塩化ナトリウムで、残りがマグネシウムやカリウム、カルシウムなどとなっている。これらマグネシウムやカリウム、カルシウムなど、塩化ナトリウムを除いた成分を総称して〝にがり〟と呼んでいる。

海塩中のこのにがり成分が、塩辛さとは別に渋味や苦味、あつみ・重厚感を感じさせるのである。

一方の岩塩を原料とした塩は、特にヨーロッパなどで使われている。日本では岩塩にもいろいろなにがり成分が含まれていてうま味があると言われることが多いが、これは間違い。岩塩にはにがり成分がほとんど含まれず、成分のほとんどが塩化ナトリウムだ。

もともと岩塩は、地殻変動や気候変動で海水が干上がって海塩が堆積したものだが、海塩に含まれるにがり分は水溶性で、雨水によって下に下にと長年の間に流されてしまう。岩塩として残るのはほとんどが塩化ナトリウムになってしまうのである。岩塩を原料としてうま味のある塩が売られているとしたら、製品化の段階でうま味成分が加えられたものと考えられる。

瀬戸内の海水100%から作られた「瀬戸のほんじお」。写真のしっとりタイプの他、さらさらタイプもある。

	塩化ナトリウム	にがり	水　分
「瀬戸のほんじお」	84.9%	8.8%	6.3%
A社製品	95.4%	0.8%	3.8%
B社製品	92.7%	2.0%	5.3%

味の素（株）資料より

国内で作られる天然塩は、原料を輸入して国内で加工して作るものと、国内で海水から作るものとがある。味の素株式会社が販売する「瀬戸のほんじお」は、瀬戸内海の海水を原料として岡山県の工場で作った塩で、天然のにがりが豊富に含まれた純国産塩である。

製法は「膜法製塩」と言われるもので、いわゆる半透膜による製塩法である。

日本では昔から「揚げ浜式塩田製塩」→「入浜式塩田製塩」→「流下式塩田製塩」と、塩田による製塩が長く続けられてきた。昭和40年代に入り、半透膜を使った製塩法に統一された。原理的には、海水中の塩分とにがり分を半透膜で漉すことによって集めて高濃度の塩水を作り、これを煮つめて塩を作るやり方である。

味の素㈱ではこの製法によって、衛生的でにがり成分の多い塩を作りだしている。同社の分析によると、「瀬戸のほんじお」のにがり成分は8・8%含まれ、市販されている天然塩の中ではかなり多い方だという。

このようなうま味のある天然塩を活用して、ひと味違ったさぬきうどんを打ってみてはいかがだろうか。

■参考文献／「いのちの自然塩」（ハート出版）、「おいしさの科学・味を良くする科学」（旭屋出版）、味の素㈱社内資料

味の素㈱業務用〝おいしさ〟支援事務局
0120-81-0143

さぬきうどんの事典

あ

【あげ網】

主に西日本で使われており、茹でたうどんを釜からすくい取り、洗いの水だめに移す道具。手網とも呼ばれる。太めのたこ糸で、丈夫に作られている。直径50㎝、深さ70㎝が標準的な大きさ。

【足踏み】

さぬきうどんのコシの強さを生む大きなポイントとなる、製麺過程の作業の一つ。足で踏んで生地を鍛えることでグルテンに網状組織を作らせ、弾力のあるうどんができる。

【アルファー化】

でんぷんが水と熱の働きによって糊状になること。茹で立てのうどんのおいしさの大きな要素。加熱されない生のでんぷんはベーターでんぷんといい、おいしさがなく消化も悪い。

【打ち粉】

うどんを延す時に、麺棒やまな板に生地がくっつかないようにまく粉。一般には麺と同じ小麦粉を使う場合が多いが、更科粉やコーンスターチ、片栗粉を使う場合もある。

【うどんの器】

陶磁器製の丼が主流だが、丼以外では、ざるで提供する時の漆器のせいろ、釜あげ用として漆器の釜あげ桶、鍋物用の土鍋と金属製の鍋などがある。最近は、和食器や中華用の食器などで視覚的に楽しい器を導入する店も増えた。

【うどん舟】

茹で上げたうどんを提供する量の玉にして、茹で置くためのせいろ。水切りをよくするため、簀を敷いてからうどん玉を並べる。大きさは約68×43・5㎝×7㎝（高さ）。

▼ざるうどん用セイロ

▲かけうどん用丼

▲釜あげ桶

左上：うどんすき用アルミ鍋
右下：うどんすき用土鍋

【うどん庖丁】

一般的には写真のようなものを〝うどん庖丁〟と呼ぶが正式のものはない。そば切り庖丁より小型で軽めである。使う人に合った重さのものを選ぶ。

か

【かえし】

醤油と砂糖・味醂を合わせた濃縮汁。うどんやそばの汁のベースとなるもの。「本がえし」と「生がえし」があり、「本がえし」は火を入れて仕込み、「生がえし」は火を入れないで仕込む。

【加水・加水率】

「加水」は小麦粉に水を加えること。「加水率」は、「加水」の工程で、小麦粉に対してどのくらいの水を加えるかを重量比で算出したもの。さぬきうどんは他県のうどんより加水率が高い。

【釜あげ】

うどんを茹でて釜からあげる工程。さぬきうどんでは、茹で立てをそのまますぐに食べるうどんを「釜あげうどん」と呼び、特に好まれる。

【グルテン】

小麦粉に含まれるたんぱく質で、水と力が加わるとガムのように粘りを持つ性質がある。さぬきうどんは多加水・足踏みという打ち方をすることで、グルテンの性質をうまく引き出す。

【献麺式】

7月2日に高松市中野天満宮で行われるうどんの献上の式。香川県生麺事業協同組合が引き継いでいる。天満宮で打ったうどんを三方の皿に盛り小麦粉・醤油などとともに本殿に奉納する。

【金《こん》毘《ぴ》羅《ら》祭《さい》礼《れい》図《ず》】

金刀比羅宮の表書院に保存される六曲二双の屏風絵のこと。元禄時代の讃岐の三軒のうどん屋の様子が描かれており、当時、讃岐はすでにうどんの先進地域だったことを示している。

【こね鉢】

うどんの生地作りの作業を行うための専用の鉢。うどんの場合、陶器のこね鉢を使うこともあるが、さぬきうどんでは木鉢がよく使われる。

▲木製のこね鉢

▲漆塗りのこね鉢

▲陶器製のこね鉢

【小麦粉】

さぬきうどんの原料となる小麦粉は、ＡＳＷ（オーストラリアスタンダードホワイト）が中心。香川県ではダイチノミノリというさぬきうどん用の品種を開発しているが、8割は外麦粉。

【昆布】

関西以西ではうどんのだしに欠かせない材料。さぬきうどんでも必ずというほど使われる。真昆布、道南昆布、羅臼昆布、利尻昆布が有名。厚く赤褐色で、幅広で香りのよいものを選ぶ。

さ

【さし水】

びっくり水ともいう。茹での途中で、吹きこぼれそうな時に行う。湯の糊濃度が高くなるのを和らげるのと、麺が吸って減った湯を補充することが目的。火力を微調整しながら水を加える。

【すかし打ち】

讃岐ではうどんの生地を麺棒に巻き付けて延すが、その時の技法の一つ。麺棒に巻いた生地を手もとに戻す時、やや生地を浮かせて麺台に落とし、リズミカルに打つ。生地に粘りが出る。

【接待うどん】

讃岐では、暮らしの行事や農耕儀礼の他、遍路の人々の接待や仏家の布施の一つとしても、うどんを作る習慣があった。湯だめうどんやしっぽくうどんなどを作ってもてなした。

た

【多加水】

うどんをこねる時に加水率を40％以上にすること。昔はうどん等を打つ時の加水率が28％程度だったため、それと比べ〝多加水〟と呼んだ。実際には通常の加水量であり、特に多くはない。

【だし】

一般に、うどんで使うだしは、かつお節や昆布で煮出したものが多い。さぬきうどんでは、昆布やかつお節も使うが、特に煮干し（いりこ）が主材料とされてきた。

【だし醤油】

醤油にだしを加えたもので、これを茹でたうどんに直接かけて提供する。以前は生醤油を直接かけた「生醤油うどん」などを提供した。今はだしを加えるなどして各店で味を工夫している。

【玉盛り】

注文後すぐにうどんを湯通しして提供できるよう、茹でたうどんを一人前ずつ玉に取り、簀を敷いたせいろの上に盛り付けておくこと。

【地粉】

各地方で産出される小麦粉の総称。香川県産の小麦は、小麦特有の香りが豊かなのが特徴。しかし、風雨に弱いなどの性質があり、全体的に生産量が少ないのが現状。

【中力粉】

小麦粉の種類の一つで、うどん作りに向く。たんぱく質の含有量が強力粉より少なく薄力粉より多い、中間の性質のためこう呼ばれる。1～3等までの等級があるが、さぬきうどんには1等粉か2等粉を使う。

【つゆ】

吸物の汁や煮汁、そばやうどんのかけ汁《つゆ》・つけ汁を指す。そばの場合、そばつゆ、甘汁、辛汁などと呼ぶが、うどんではかけ汁、つけ汁と言うことが多い。

【土三寒六常五杯《どさんかんろくじょうごはい》】

四国のうどん処の塩加減に関する口伝。うどんを作る時、土用には塩一杯を水三杯でとかした塩水で、寒中は六杯の水で、普段は五杯の水を使ってとかした塩水でもむと、良いうどんができるということを指す。

な

【煮干し】

さぬきうどんのだしをとる材料の一つ。西いりこともいう。西日本では煮干しと節類を一緒に使うことが多い。原料魚は主にイワシ類で、カタクチ煮干し、平子煮干し、ウルメ煮干しが代表的。

【延し台】

手打ちで、そばやうどんを延す作業の時に下に敷いて使う台。材質は檜や桂の木がよく使われる。寄せ木などもある。表面に凹凸がなく、反ったりゆがんだりしないものを選ぶ。

は

【半夏生《はんげしょう》】
半夏とも言い、夏至から数えて11日目の7月2日頃で、麦の収穫と田植えの区切りの時期。この日は、うどんなど小麦粉で作ったものを食べる習慣がある。現在、うどんの日とも呼ばれ、献麵式など催される。

【ぶっかけ】
さぬきのうどん店の人気メニューの一つ。茹で上げたうどんにだしをごく少量かけただけで食べるシンプルなうどん。価格が安く、手軽に早く食べられることからも人気がある。

【振りざる】
茹で置いたうどん玉を湯通しする時に使う細長いざる。昔は、竹材を編んで、ふちを籐で巻いたものが使われた。最近は金属製が使われている。

【ボーメ計】
水溶液の比重を計る道具。ガラスの浮きの上部に目盛りがあり、浮きを水溶液に浮かばせると液体の比重の差で浮いたり沈んだりする。この時の水面の目盛りの数値を「ボーメ度」という。

【本みりん】
上品な甘味と特有を持つ調味料の一つ。蒸したもち米に米こうじ・焼酎を加えて仕込み、2ヵ月ぐらい糖化させて熟成させる。これを絞って濾過材で漉したものが本醸造のみりん。つけ汁《つゆ》のかえしに使う。

ま

【まな板】
材質は銀杏《いちょう》、柳、桂、朴《ほお》などで作ったものが庖丁のあたりがよく、木の香りもない。大きさは、30㎝×60～70㎝くらいが使いやすい。使った後は、洗ってからぶきし、天日に当てるとよい。

【麵棒】
麵を打つ棒。長さ、太さは地域によってさまざまで、一般的には、直径2～3㎝で、麵台の横幅より少し短いものが使いやすい。材質は桜がよいとされているが、手に入りにくいため、樫がよく使われる。

や

【薬味】
食べ物をよりおいしく、香りがよく食べるために添えるもの。独特の芳香や味・香りによって、食欲をそそる。さぬきうどんでは、細ねぎの小口切り・おろし生姜・すりごまが定番の薬味である。

▲ゴマ・細ねぎ

▲生姜

【茹で汁】
うどんを茹でる時の釜や鍋の湯のこと。うどんの茹で汁は通常使われないが、さぬきうどんでは、釜の湯をうどんとともに器に入れてつけ汁で食べる、「釜あげうどん」が親しまれている。

【茹で箸】
うどんを茹でる時に使う箸。麵をかき混ぜたり、茹で加減をみるために麵をすくいあげ、麵の透明感などを確かめる際に使う。篠竹で作った箸が多い。太さは1㎝ほどで、全体の太さが揃ったものを選ぶ。

おいしいさぬきうどんを作る

材料・道具ガイド

＊材料問い合わせ先は、P86をご覧ください。

小麦粉

白バラ印

木下製粉㈱

良質の小麦で作ったうどん用小麦粉。新鮮な小麦粉を安心して使えるように、袋には小麦粉の製造年月日を表示している。1袋25㎏。

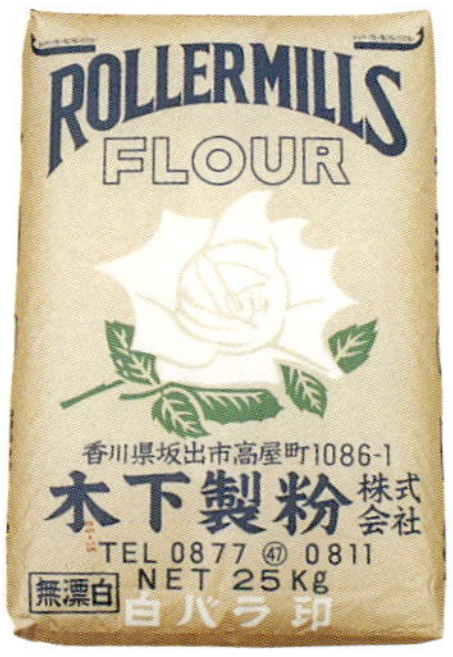

讃岐すずらん

木下製粉㈱

さぬきうどんのおいしさを重視して作られた専用小麦粉。右の商品同様、袋には製造年月日を表示している。1袋25㎏。

白鳳

吉原食糧㈱

讃岐手打ちうどん専用最高グレードの小麦粉。さぬきうどんならではの粘弾性と小麦の風味が味わえる商品。1袋25㎏。

ナンバードアー

吉原食糧㈱

さぬきうどん用の小麦粉として、20年間作られ続けている人気の商品。香川県のうどん店を中心に多く使われている。

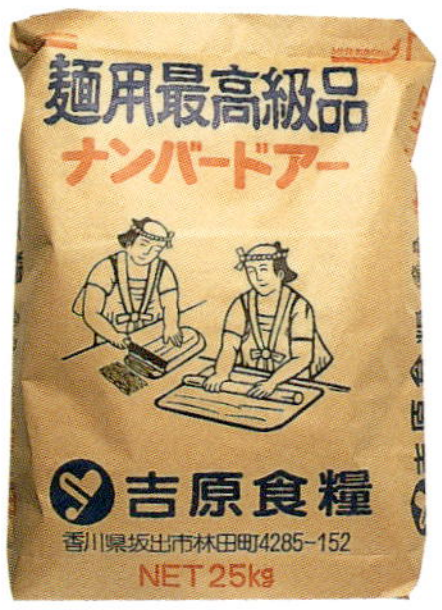

讃岐の地粉

吉原食糧㈱

香川県産新品種小麦100％使用したオリジナル麺用粉。平成8年自主栽培し、11年に県から奨励品種に認定された貴重な小麦粉。

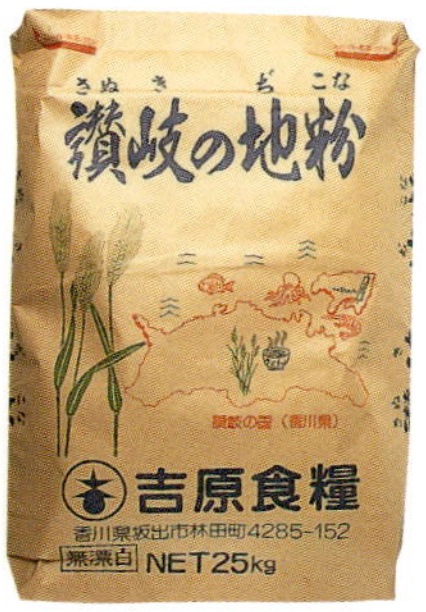

●数に限りがございます。品切れの際は、ご了承ください。

白椿

日清製粉㈱

手打ちうどん用の業務用小麦粉。最高の光沢、なめらかなコシのある麺ができる。香川県以外のうどん店でも使われている。

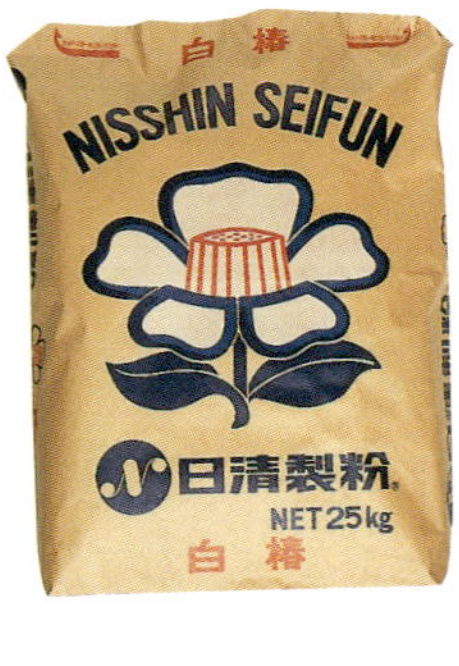

㊮特雀

日清製粉㈱

中・四国地域限定で発売している、手打ちうどん用の小麦粉。優れた風味と粘弾性をもっている。1袋25㎏。

塩

瀬戸のほんじお

味の素㈱

瀬戸内の海水を原料にしたまろやかなにがりを多く含んだ塩。天然塩を使うことで、うどんも深みのある味に。うどん用にも、料理用にも使える。

醤油

初しぼり生醤油

マルキン醤油㈱

香川県小豆島産。天然醸造で火入れしない、高品質の醤油。200㎖入りと700㎖入りがある。

本醸造特級こいくちしょうゆ

マルキン醤油㈱

保存料無添加のハンディボトル入り濃口醤油。香川県小豆島産。うどんやそばの〝かえし〟用に最適。

本醸造特級濃口醤油

鎌田醤油㈱

香川で醸造されている濃口醤油。さぬきうどんの〝かえし〟作りによく使われる。

うす塩天然だし醤油

鎌田醤油㈱

しょうゆうどんが楽しめるだし醤油。塩分を控えめにしたマイルドな味。瓶入りと紙パック入りがある。

だし

さぬきうどんのだしパック

ヤマキ㈱

地元四国のだしメーカーがさぬきうどん用に発売した、100%天然だしの手軽に使えるだしパック。煮干し類も加えた、香りのよさが特徴。

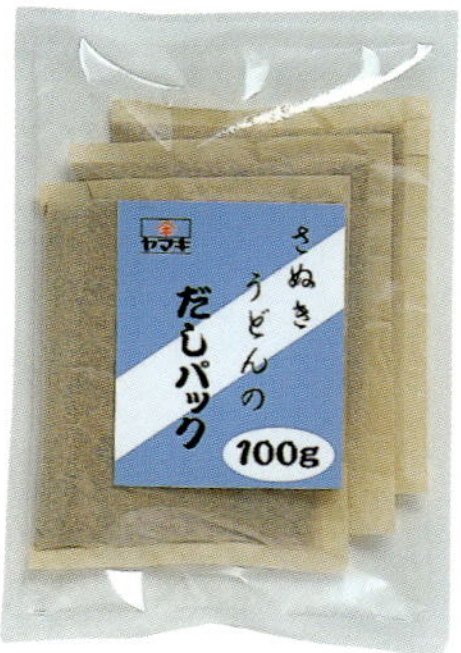

さぬきうどんの液体天然だし

ヤマキ㈱

業務用液体だし。天然のだし材料の煮干し類やかつお節類を使って丹念に作った液体だし。本場讃岐のおいしさが簡単にできる。

煮干しと節類

丸一倉庫㈱

さぬきうどんのおいしさを出すのに欠かせないのが煮干しと節類。高松市内にある創業50年を迎えるこの店では、計り売りもしており、地方発送もしている。

つゆ

本格さぬきうどんつゆ

ヤマキ㈱

瀬戸内産の煮干しをたっぷり使用した香り豊かな濃縮タイプのつゆ。さぬきうどんのかけ汁に最適。

デラックスつゆ

マルキン醤油㈱

かつお節やイワシ節・昆布の風味を加えたつゆ。うどん用にはもちろん、煮物や天つゆなどにも使える。

薬味

生おろししょうが

ワナー物産㈱

さぬきうどんの人気メニュー、ざるうどんや釜あげのおいしさをぐんと引き立たせる、生おろしタイプの生姜。右は40g入り、左は100g入り（業務用）。

具材

天ぷら

㈱魚徳本店

本場では、さぬきうどんの具として人気の高い練り製品。讃岐などではこれも「天ぷら」と呼ばれる。旬の小魚を原料に作る。取り寄せもできる。

材料問い合わせ先

企業名（50音順）	住　所	TEL
味の素㈱業務用“おいしさ”支援事務局	東京都中央区京橋１-15-１	0120-81-0143
㈱魚徳本店	香川県高松市片原町１-15	087-821-3530
鎌田醤油㈱	香川県坂出市本町１-６-35	0877-46-0001
木下製粉㈱	香川県坂出市高屋町1086-１	0877-47-0811
日清製粉㈱	東京都千代田区神田錦町１-25	03-5282-6360
丸一倉庫㈱	香川県高松市南新町４-１	087-831-3307
マルキン醤油㈱	大阪市西区京町堀1-8-33マルキン東洋ビル9階	06-6444-5465
ヤマキ㈱業務用事業部	東京都千代田区外神田4-8-2	03-3251-1082
吉原食糧㈱	香川県坂出市林田町4285-152	0877-47-2030
ワナー物産㈱	愛知県名古屋市熱田区千代田町13-4	052-682-1108

うどん道具

① 手打ちうどん・そば道具特別セット　37,000円

- こね鉢［寸法］直径45㎝［材質］ABS樹脂
- 麵棒［寸法］直径3㎝×長さ90㎝［材質］ヒバ
- 延し板［寸法］90㎝×90㎝［材質］シナ
- こま板［寸法］24㎝×25㎝
- 庖丁［寸法］27㎝［材質］モリブデン鋼

初めてうどんやそばを打つ方から、本格的に打ちたい方までご満足いただけるうどん・そばの手打ちセット。使いやすいサイズで、材質にもこだわっています。

② 高級樹脂製本漆こね鉢

■尺８（54㎝）　29,800円

プロの要望でできた本格的なこね鉢。鉢底が広いので、確実にこねることができます。

③ うどん庖丁（24㎝）13,500円

鍔《つば》屋《や》作のうどん用庖丁。材質はモリブデン鋼。塩を使ううどん切りに最適で錆びにくい。他に28.5㎝（21,000円）もあります。

購入方法

右記まで現金書留又は郵便振替にてご入金をお願いいたします。確認後、商品を送付させていただきます。7～10日間程でお手元に届きます。なお消費税、送料は表示値段に含まれています。

お問い合わせ先／
㈱旭屋出版商品サービス係
☎03（3267）0861
〈FAX〉03（3268）0928
郵便振替口座番号／00150-1-19572

取材にご協力いただいたお店

香川県には、さぬきうどん店がたくさんありタイプもさまざまである。このガイドブックを片手に本場讃岐のうどんを食べ歩いて見るのも楽しい。

店名横の数字は地図内での場所を表します。

高松市

ＪＲ高松駅近く、朝は6時から営業するセルフタイプのうどん店。メニューは、うどん(小)130円からと、安さが人気。

1『井筒製麺所』

■住所／高松市西の丸町8－1
■☎087－821－7774
■営業時間／6時～14時
■定休日／日曜日
■地方発送／無

2『うどんの庄　かな泉《いずみ》紺屋町店』

■住所／高松市紺屋町9－3
■☎087－822－0123
■営業時間／1階・7時～17時30分
　　　　　2、3階・11時～21時30分
■定休日／1階・年中無休2、3階・日曜日
■地方発送／有

高松市美術館隣に立地。セルフとうどん、料理をそなえた名店。

3『うどんの庄　かな泉《いずみ》大工町店』

■住所／高松市大工町7－21
■☎087－821－6688
■営業時間／10時30分～21時30分
■年中無休
■地方発送／有

『うどんの庄　かな泉』の本店。うどん店で和食も食べられる。

4『川福本店』

■住所／高松市大工町2－1
■☎087－822－1956
■営業時間／11時～翌0時
■年中無休
■地方発送／有

高松で「ざるうどん」が評判のうどん専門店。観光客にも人気が高い。

5『川福太田店』

■住所／高松市伏石町224－2
■☎087－866－1015
■営業時間／11時～21時00分
■年中無休
■地方発送／有

『川福』の郊外型直営店。幹線道路〝レインボーロード〟沿いに立地。

「ぶっかけうどん」で評判のうどん店。高松市内〝美術館通り〟沿いにあり、店内は蔵づくりの落ちついた雰囲気。

6『源芳《げんよし》』

■住所／高松市番町1－2－24
■☎087－851－3364
■営業時間／11時～14時
■定休日／土曜日、日曜日、祝日
■地方発送／有

●地図はP.89をご覧ください。

琴平周辺

『小縣家』の「元祖しょうゆうどん」は讃岐の名物うどんのひとつ。大根をお客が自分でおろすパフォーマンスが評判。

13『小縣家《おがたや》』

■住所／仲多度郡満濃町吉野1298－2
■☎0877－79－2262
■営業時間／9時30分～18時00分
■定休日／火曜日
■地方発送／有

8『さぬき麺業　兵庫町本店』

■住所／高松市兵庫町11－9
■☎087－851－5090
■営業時間／1階・8時～18時30分
　　　　　　2、3階・11時～21時
■年中無休
■地方発送／有

セルフ店（1階）とレストランの2タイプのうどんが楽しめる。

9『さぬき麺業　松並店』

■住所／高松市西ハゼ町235－1
■☎087－866－4981
■営業時間／8時～21時
■年中無休
■地方発送／有

『さぬき麺業』本社近くに立地。40台の駐車場を備える郊外型うどん店。

行列ができるセルフサービスうどん店。讃岐名物〝長天〟をのせたうどんが旨い。昼時には70席ある店内がお客で賑わう。

7『手打うどん　さか枝《えだ》』

■住所／高松市番町5－2－23
■☎087－834－6291
■営業時間／7時30分～16時
■定休日／日曜日、祝日
■地方発送／無

讃岐の郷土料理･風土料理が楽しめる名店｡おまかせコース4000円(9品)～では、ご主人松岡柳士氏の料理が堪能できる。

12『お四国精進料理・風土料理　まいまい亭』

■住所／高松市東田町18－5
■☎087－833－3360
■営業時間／11時30分～14時、
　　　　　　17時～22時
■年中無休　（要予約）

創業50年を迎える製麺所を併設しているうどん店。天ぷらをはじめとした手作りの惣菜類、ご飯類ではちらしずしが人気。

11『丸川製麺』

■住所／高松市中新町1－7
■☎087－831－3933
■営業時間／9時～15時
■定休日／日曜日
■地方発送／無

揚げたての天ぷらが評判のセルフタイプのうどん店。高松市内、香川県庁近く、緑の暖簾〝うどん揚物〟が目印。

10『セルフサービスの店　竹清《ちくせい》』

■住所／高松市亀岡町2－23
■☎087－862－1095
■営業時間／10時～14時30分
■定休日／土曜日、日曜日、祝日
■地方発送／無

金刀比羅宮参道入口に位置する、観光客からも評判のうどん店。江戸時代から続いた風情ある老舗旅館を店舗にしている。

14『こんぴらうどん　参道店』

- 住所／仲多度郡琴平町810－3
- ☎0877－73－5785
- 営業時間／8時～17時
- 年中無休
- 地方発送／有

国内産小麦を使う貴重なうどん店。おすすめは地粉の風味が楽しめる「ざるうどん」とボリュームのある「肉うどん」。

15『水車うどん』

- 住所／仲多度郡仲南町買田547－1
- ☎0877－73－2531
- 営業時間／9時～18時
- 定休日／水曜日（祝日は営業）
- 地方発送／有

〝釜あげうどん〞が人気のうどん店。絶妙の茹で具合で提供される釜あげと煮干し風味のつゆが県外客からも評判。

16『長田うどん』

- 住所／仲多度郡満濃町吉野1290－1
- ☎0877－79－2171
- 営業時間／午前9時～午後5時30分
- 定休日／水、木曜日（祝日は営業）
- 地方発送／有

取材店MAP

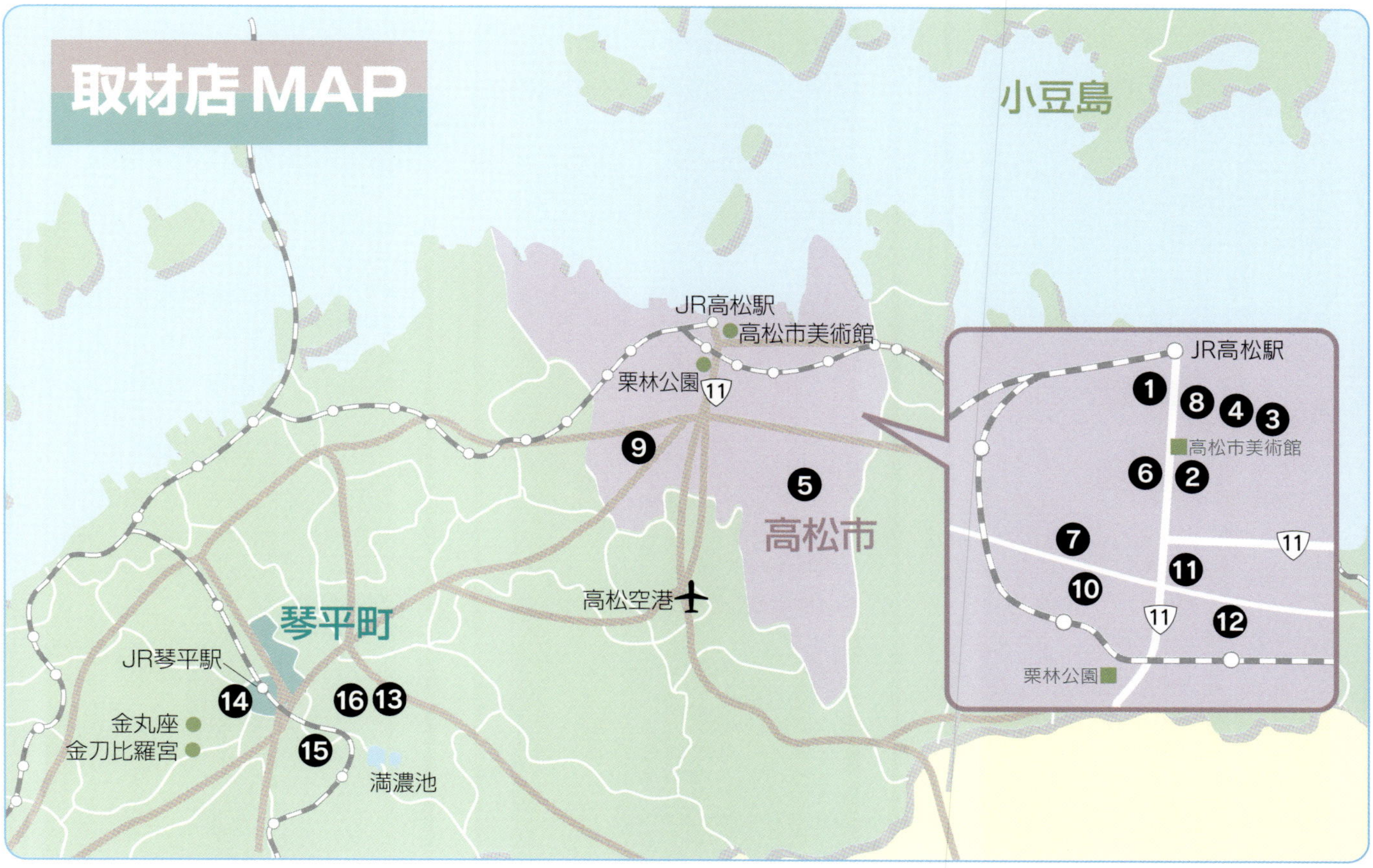

香川県生麺事業協同組合
組合員の製麺所とうどん店

香川県生麺事業協同組合は、高品質のさぬきうどんを売る製麺所とうどん店の組合である。どの店も品質にこだわっており、ぜひ味わってみたい。

⊙マークは営業時間です。※50音順

国村製麺所
高松市藤塚町2丁目 2-16
☎ 087-831-2779
地方発送　無｜店舗有無　無

(有)桑島製麺所
高松市岡本町 1699-2
☎ 087-886-0220
地方発送　無｜店舗有無　有(一般うどん店)
うどん店名称　**(有)桑島製麺所**
高松市岡本町 1699-2
☎ 087-886-0220
⊙ 9:30～19:00｜定休日　第2、第4日曜

佐野製麺所
高松市福岡町2丁目 15-19
☎ 087-851-0726
地方発送　無｜店舗有無　無

末広製麺所
高松市一宮町 722-1
☎ 087-885-1205
地方発送　無｜店舗有無　製麺所内スペース有
⊙ 11:00～15:00｜定休日　日、祝

(有)善や
高松市新田町甲 69-10
☎ 087-843-2995
0120-43-2995
地方発送　無｜店舗有無　有(一般うどん店)
うどん店名称　**善や**
高松市新田町甲 69-10
☎ 087-843-2995
⊙ (平日)10:30～17:00、(土・日・祝)～20:00
定休日　水

田井製麺所
高松市香西本町 751-21
☎ 087-881-2744
地方発送　無｜店舗有無　有(一般うどん店)
うどん店名称　**待良**
高松市香西本町 751-21
☎ 087-881-2744
⊙ 8:00～15:00(日曜は昼まで)
年中無休

大谷製麺所
高松市松島町 20-9
☎ 087-831-5459
地方発送　無｜店舗有無　製麺所内スペース有
⊙ 9:00～18:00｜定休日　日

(有)笠井麺業
高松市春日町 1627-1
☎ 087-844-2490
地方発送　有｜店舗有無　有(セルフ店)
うどん店名称　**古里うどん**
高松市春日町 1627-1
☎ 087-844-2490
⊙ 9:00～19:00｜定休日　日

川西製麺所
高松市花の宮町 5-11
☎ 087-831-5381
地方発送　無｜店舗有無　無

うどん亭 かながしら
高松市六条町 1104
☎ 087-865-4068
地方発送　無｜店舗有無　有(セルフ店)
うどん店名称　**うどん亭かながしら**
高松市六条町 1104
☎ 087-865-4068
⊙ 11:00～13:00｜定休日　日、祝

(有)北山製麺所
高松市鬼無町藤井 2-8
☎ 087-881-2845
地方発送　無｜店舗有無　有(セルフ店)
うどん店名称　**(有)北山製麺所**
高松市鬼無町藤井 2-8
☎ 087-881-2845
⊙ 9:00～17:00｜定休日　日、祝

清恵《キヨエ》うどん
高松市木太町 1818-1
☎ 087-834-8396
地方発送　無｜店舗有無　有(一般うどん店)
うどん店名称　**清恵《キヨエ》うどん**
高松市木太町 1818-1
☎ 087-834-8396
⊙ 10:00～18:00｜年中無休

穴吹製麺所
高松市上林町 752
☎ 087-889-3078
地方発送　無｜店舗有無　製麺所内スペース有
⊙ 9:00～売り切れ次第
定休日　正月1～3日

(有)天野製麺所
高松市木太町8区 3823
☎ 087-867-4565
地方発送　無｜店舗有無　製麺所内スペース有
⊙ 7:00～18:00｜定休日　日、祝

上田製麺所
高松市太田上町 763-3
☎ 087-865-8037
地方発送　無｜店舗有無　有(セルフ店)
うどん店名称　**上田製麺所**
高松市太田上町 763-3
☎ 087-865-8037
⊙ 9:00～17:00｜定休日　日

植田製麺所
高松市仏生山町甲 504
☎ 087-889-0536
地方発送　無｜店舗有無　無

植田製麺所
高松市栗林町2丁目 8-11
☎ 087-831-8267
地方発送　無｜店舗有無　無(玉卸のみ)

(有)上原製麺所
高松市栗林町1丁目 16-6
☎ 087-831-6779
地方発送　有｜店舗有無　有(セルフ店)
うどん店名称　**(有)上原製麺所**
高松市栗林町1丁目 16-6
☎ 087-831-6779
⊙ 9:00～16:00｜定休日　日

(有)大島製麺所
高松市太田上町 1058
☎ 087-866-8383
地方発送　有
店舗有無　製麺所内スペース有
⊙ 7:00～18:00｜年中無休

高松市

(有)松野製麺所
高松市花の宮町3丁目 3-17
☎ 087-867-6729
地方発送　無　｜　店舗有無　製麺所内スペース有
⏲ 9:00～15:00　｜　定休日　日

馬渕製麺所
高松市太田下町 1480-1
☎ 087-867-2895
地方発送　有　｜　店舗有無　製麺所内スペース有
⏲ 9:30～18:30　｜　定休日　第1日曜

(有)マルタニ製麺
高松市円座町 1023-1
☎ 087-886-6814
地方発送　無　｜　店舗有無　有(一般うどん店)
うどん店名称 **マルタニ**
高松市円座町 1023-1
☎ 087-886-6814
⏲ 8:00～16:00　｜　定休日　月

丸山製麺所
高松市宮脇町1丁目19-2
☎ 087-831-3316
地方発送　無　｜　店舗有無　有(セルフ店)
うどん店名称　**丸山製麺所**
高松市宮脇町1丁目 19-2
☎ 087-831-3316
⏲ 6:00～15:00(無くなり次第終了)
定休日 日、祝日

宮武製麺所
高松市仏生山町甲 839
☎ 087-889-1361
地方発送　無　｜　店舗有無　製麺所内スペース有
⏲ 10:30～17:00　｜　定休日　第1、第3、第5日曜

(有)宮西製麺所
高松市円座町 142
☎ 087-885-2344
地方発送　無　｜　店舗有無　製麺所内スペース有
⏲ 11:00～18:00　｜　定休日　第1、第3、第5日曜

村上製麺所
高松市東ハゼ町 879
☎ 087-867-2974
地方発送　有(場合によって)
店舗有無　有(セルフ店)
うどん店名称　**村上製麺所**
高松市東ハゼ町 879
☎ 087-867-2974
⏲ 9:30～16:00　｜　定休日　日、祝

野口製麺
高松市上福岡町 1286
☎ 087-834-7293
地方発送　有(場合によって)　｜　店舗有無　有(セルフ店)
うどん店名称　**野口製麺**
高松市上福岡町 1286
☎ 087-834-7293
⏲ 10:00～15:00　｜　定休日　日、祝

橋本製麺所
高松市仏生山町甲 1120
☎ 087-889-0812
地方発送　有　｜　店舗有無　無

(有)古川うどん店
高松市木太町1区 1047
☎ 087-867-0994
地方発送　有　｜　店舗有無　有(セルフ店)
うどん店名称　**古川うどん**
高松市木太町1区 1047
☎ 087-867-0994
⏲ 8:00～16:00　｜　定休日　日、祝

(有)古川食品
高松市川島東町 939-6
☎ 087-848-0313
地方発送　有　｜　店舗有無　有(セルフ店)
うどん店名称　**(有)古川食品**
高松市川島東町 939-6
☎ 087-848-0313
⏲ 8:00～15:00　｜　定休日　水

増井米穀店
高松市郷東町 45
☎ 087-881-2213
地方発送　無　｜　店舗有無　有(セルフ店)
うどん店名称　**増井米穀店**
高松市郷東町 45
☎ 087-881-2213
⏲ 10:00～13:00　｜　定休日　日、祝

松家《マツカ》製麺所
高松市藤塚町3丁目 15-6
☎ 087-834-9934
地方発送　無　｜　店舗有無　製麺所内スペース有
⏲ 10:00～17:00(売れ切れ次第)
定休日　日、祝

松下製麺所
高松市中野町 2-2
☎ 087-831-6279
地方発送　無　｜　店舗有無　有(セルフ店)
うどん店名称　**松下**
高松市中野町 2-2
☎ 087-831-6279
⏲ 平日7:30～18:00、土8:30～17:00、日10:30～13:00
年中無休

田中松月堂(有)
高松市御厩町 547-1
☎ 087-885-2385
地方発送　無　｜　店舗有無　有(セルフ店)
うどん店名称　**田中松月堂(有)**
高松市御厩町 547-1
☎ 087-885-2385
⏲ 9:00～15:00　｜　定休日　日

谷川製麺所
高松市東植田町 2139-1
☎ 087-849-1628
地方発送　無　｜　店舗有無　有(セルフ店)
うどん店名称　**谷川製麺所**
高松市東植田町 2139-1
☎ 087-849-1628
⏲ 11:00～14:00　｜　年中無休

(有)天下うどん本舗秀
高松市八坂町 2-9
☎ 087-821-8640
地方発送　有　｜　店舗有無　有(一般うどん店)
うどん店名称　**(有)天下うどん本舗秀**
高松市八坂町 2-9
☎ 087-821-8640
⏲ 11:00～14:00(うどん店)、17:00～22:00(居酒屋＋うどん店)
定休日　日

時岡製麺所
高松市木太町6区 3061-1
☎ 087-834-8281
地方発送　無　｜　店舗有無　有(セルフ店)
うどん店名称　**時岡製麺所**
高松市木太町6区 3061-1
☎ 087-834-8281
⏲ 8:00～18:00　｜　定休日　日

中北製麺
高松市勅使町 1012
☎ 087-866-8085
地方発送　無　｜　店舗有無　有(セルフ店)
うどん店名称　**中北うどん**
高松市勅使町 1012
☎ 087-866-8085
⏲ 10:00～14:00　｜　定休日　日

中西製麺所(有)
高松市鹿角町 899-3
☎ 087-885-1568
地方発送　有　｜　店舗有無　有(セルフ店)
うどん店名称　**なかにしうどん**
高松市鹿角町 899-3
☎ 087-885-1568
⏲ 5:30～18:00　｜　定休日　日

松井製麺所
善通寺市善通寺町3丁目 4-15
☎ 0877-62-0298
地方発送　有｜店舗有無　無

宮川製麺所
善通寺市中村町1丁目 1-20
☎ 0877-62-1229
地方発送　有｜店舗有無　有(セルフ店)
うどん店名称　**宮川製麺所**
善通寺市中村町1丁目 1-20
☎ 0877-62-1229
7:00～18:00｜定休日　日

丸亀製麺(株)
丸亀市城西町1丁目 2-10
☎ 0877-22-7331
地方発送　有｜店舗有無　無

入谷製麺(有)
さぬき市長尾西 1147-2
☎ 0879-52-2307　FAX 0879-52-5557
地方発送　有｜店舗有無　有(セルフ店)
うどん店名称　**入谷製麺(有)**
さぬき市長尾西 1147-2
☎ 0879-52-2307
6:30～17:00｜定休日　日、正月1～3日

木下製麺
さぬき市寒川町石田東 975-6
☎ 0879-43-2356
地方発送　有｜店舗有無　有(セルフ店)
うどん店名称　**木下製麺**
さぬき市寒川町石田東 975-6
☎ 0879-43-2356
7:00～19:00｜定休日　正月1～3日

(有)藤田製麺
さぬき市志度 1905-2
☎ 087-894-2013
地方発送　有｜店舗有無　有(一般うどん店)
うどん店名称　**雲海**
さぬき市志度 1905-2
☎ 087-894-1937
11:00～18:00｜定休日　火

(有)牟礼製麺
さぬき市志度 503
☎ 087-894-0039
地方発送　有｜店舗有無　有(セルフ店)
うどん店名称　**手打ちうどん本舗 むれ**
さぬき市志度 503
☎ 087-894-0039
10:00～17:00｜定休日　日、正月1～3日

柳川うどん製造所
観音寺市上若町甲 2814
☎ 0875-25-3846
地方発送　有｜店舗有無　有(一般うどん店)
うどん店名称　**柳川**
観音寺町村黒町 228-1
☎ 0875-25-6718
11:00～21:00｜定休日　木

(有)塩飽屋《シワクヤ》製麺
坂出市京町3丁目 3-4
☎ 0877-46-2763
地方発送　無｜店舗有無　無

(有)日の出製麺所
坂出市富士見町1丁目 8-5
☎ 0877-46-3882
地方発送　有｜店舗有無　製麺所内スペース有
9:00～17:00｜年中無休

(有)柳屋
坂出市白金町1丁目 4-39
☎ 0877-46-2208
地方発送　有
店舗有無　有(一般うどん店、セルフ店)
うどん店名称　**(有)柳屋**
坂出市白金町1丁目 4-39
☎ 0877-46-2208
10:00～16:00｜定休日　日

善通寺四国館内 饂飩の四国
善通寺市与北町 1002
☎ 0877-62-4591
地方発送　有
店舗有無　有(一般うどん店)、製麺所内スペース有
うどん店名称　**饂飩の四国**
善通寺市与北町 1002
☎ 0877-62-4591
9:00～18:00｜年中無休

大川製麺所
善通寺市上吉田町3丁目 9-5
☎ 0877-62-0141
地方発送　無｜店舗有無　無

(有)カガワ食品
善通寺市吉原町51-1
☎ 0877-62-9328
地方発送　有

森製麺所
高松市屋島西町 885-4
☎ 087-843-0451
地方発送　無｜店舗有無　無

(株)ヨコクラうどん
高松市鬼無《キナシ》町鬼無 136-1
☎ 087-881-4471(代表)
☎ 0120-37-4596　FAX 087-882-0928
地方発送　有
店舗有無　有(一般うどん店、セルフ店)
うどん店名称　**(株)ヨコクラうどん**
高松市鬼無町鬼無 136-1
☎ 0120-37-4596
9:00～19:00｜定休日　正月1～3日

(有)ラフォーレ
高松市香西東町 329-11
☎ 087-882-8553
地方発送　無｜店舗有無　有(セルフ店)
うどん店名称　**手打うどん なみき**
高松市香西東町 329-11
☎ 087-882-8553
9:00～19:00｜定休日　正月1～5日

(有)わたや製麺所
高松市観光通り1丁目 2-16
☎ 087-831-4278
地方発送　無｜店舗有無　有(一般うどん店)
うどん店名称　**わたや**
高松市観光通り1丁目 2-16
☎ 087-831-4278
10:00～20:00｜定休日　日、祝日

(有)岩田製麺所
観音寺市観音寺町大和甲 3389
☎ 0875-25-3455
地方発送　有｜店舗有無　有(セルフ店)
うどん店名称　**(有)岩田製麺所**
観音寺市観音寺町大和甲 3389
☎ 0875-25-3455
6:00～12:00｜定休日　不定

(有)だいこくや食品
観音寺市坂本町甲 981-6
☎ 0875-25-4473
地方発送　有｜店舗有無　無

香川県生麺事業協同組合

日乃出製麺所
木田郡三木町永上 3930
☎ 087-898-4372
地方発送 無 | 店舗有無 無

(株)おおみね
小豆郡土庄町甲 5164
☎ 0879-62-1147
地方発送 有 | 店舗有無 無

(有)岡坂商店
仲多度郡満濃町大字炭所西 397
☎ 0877-79-2037
地方発送 有 | 店舗有無 無

金比羅醤油(株)
仲多度郡琴平町榎井 673
☎ 0877-55-3080
地方発送 有 | 店舗有無 無

さぬき名産(株)
仲多度郡満濃町東高篠 1142-1
☎ 0877-75-0697
地方発送 有 | 店舗有無 有(一般うどん店)
うどん店名称 **讃岐屋柳生屋本店**(宇多津店もあり)
仲多度郡満濃町吉野 1298-1
☎ 0877-79-2868
9:00〜20:00 | 定休日 金

(有)むらい 金毘羅製麺
仲多度郡満濃町 575-1
☎ 0877-73-5555
地方発送 有 | 店舗有無 無

上杉食品
三豊郡豊中町上高野 2791
☎ 0875-62-2231
地方発送 有 | 店舗有無 製麺所内スペース有
6:10〜売れ切れまで | 定休日 不定

大西麺業
三豊郡大野原町大字大野原 6889
☎ 0875-54-2270(代表)
地方発送 有 | 店舗有無 無

藤村製麺所
三豊郡豊浜町大字和田浜 1275
☎ 0875-52-2350
地方発送 無 | 店舗有無 無

宮西製麺所
香川郡香南町池内 298-1
☎ 087-879-4094
地方発送 無 | 店舗有無 無

むぎ屋
香川郡香川町川東下 300-1
☎ 087-879-3006
地方発送 無 | 店舗有無 有(一般うどん店)
うどん店名称 **むぎ屋**
香川郡香川町川東下 300-1
☎ 087-879-3006
8:30〜18:30 | 定休日 火

村上製麺所
香川郡香川町川内原 1308
☎ 087-879-4288
地方発送 無 | 店舗有無 無

(有)山本製麺所
香川郡直島町 1097-2
☎ 087-892-3069
地方発送 有 | 店舗有無 無

寒川食品(有)
木田郡三木町平木 49-2
☎ 087-898-3210
地方発送 有 | 店舗有無 有(セルフ店)
うどん店名称 **さぬきうどん 寒川**
木田郡三木町鹿伏 413-2
☎ 087-898-3210
9:00〜17:00 | 定休日 日

十河《ソゴウ》製麺
木田郡三木町井上 717-8
☎ 087-898-3358
地方発送 有 | 店舗有無 有(セルフ店)
うどん店名称 **十河《ソゴウ》製麺**
木田郡三木町井上 717-8
☎ 087-898-3358
7:00〜17:00 | 定休日 不定

多田製麺所
木田郡三木町池戸 2918
☎ 087-898-5033
地方発送 無 | 店舗有無 製麺所内スペース有
8:30〜16:00 | 定休日 火

サヌキ食品(株)
綾歌郡綾歌町栗熊東 467
☎ 0877-86-2147
地方発送 有 | 店舗有無 無

(有)丸木製麺所
大川郡白鳥町松原新川 1318-2
☎ 0879-25-9141
地方発送 有 | 店舗有無 無

麺工房六車《ムグルマ》
大川郡白鳥町湊 6-1
☎ 0879-25-2051
地方発送 有 | 店舗有無 有(一般うどん店)
うどん店名称 **麺工房六車《ムグルマ》**
大川郡白鳥町湊 6-1
☎ 0879-25-2051
11:30〜14:00 | 定休日 日、祝、年末年始

(有)吉本食品
大川郡大内町三本松 608-2
☎ 0879-25-1027
地方発送 有 | 店舗有無 有(セルフ店)
うどん店名称 (有)吉本食品
大川郡大内町三本松 608-2
☎ 0879-25-1027
8:00〜17:00 | 定休日 日、祝

佐藤製麺所
香川郡塩江町安原上岩部 248-3
☎087-893-0230
地方発送 無 | 店舗有無 無

(株)ふたば
香川郡香川町大野北新開 2410-1
☎ 087-885-0418
地方発送 有(場合によって) | 店舗有無 無

(有)三野《ミノ》製麺所
香川郡香川町浅野 952-2
☎ 087-879-4691
地方発送 有 | 店舗有無 有(一般うどん店)
うどん店名称 **三野《ミノ》製麺所**
香川郡香川町浅野 952-2
☎ 087-879-4691
8:00〜17:00 | 定休日 土、日

一茶庵・友蕎子

片倉康雄　手打そばの技術

●最高の「手打ち」の技術が、身近なものになりました。

●そば一筋に生きた
名人・片倉康雄氏――その
手打そばの〃貴重な技術〃と
〃ぼう大な知恵〃を十六年の
歳月をかけて編集した力作

定価：本体一二、〇〇〇円＋税

造本・体裁●A4特別判(280×210mm)／328ページ／マットコート紙・オフセット印刷／特注麻布クロース装・角背・箔押／ビニールカバーつき／天地布クロース貼り特製函入

〃基本〃から〃秘伝の技術〃まで、
そば技術書の決定版!!

●かつての雑誌連載「名人秘伝公開シリーズ／一茶庵・友蕎子 片倉康雄のそば」とは別に、新たな編集方針のもとに全篇〃新原稿〃で構成された一巻。
●「職人技《わざ》」の細部を解明した、〃前例のない〃技術解説。
●〃初心者のための補助訓練〃、〃仕事の現場での対処策〃を満載。
●最小単位の動作ごとに小見出しをつけ、ねらいを明確にした手順写真。
●この一冊で、一人でも〃自己流に陥《おちい》らずに〃、『手打の技術』を独習できます。

■本書の主要な内容
☆カラー　片倉康雄作品集
［付］片倉康雄のそば道具
☆序　そばの魅力と手打そば
☆第一篇　手打そばの技術Ⅰ　並そば
食べ味を左右する紛の選び方、つなぎの割合に始まり、手打そばの技術の基本から奥義まで、そば道具の選び方も含めて懇切丁寧に解説指導(写真・図解多数使用)。さらに、そば汁・薬味の技術、ごちそう感のある「たねもの」のつくり方にまで及びます。
☆第二篇　手打そばの技術Ⅱ　変わりそば
難易度から見て最高の技術が要求される、いろいろな「変わりそば」の原料と打ち方、その「変わりそば」をつかった、さまざまな「そば料理」の技術。
☆第三篇　そばずし
☆第四篇　そばがき

信州・戸隠
手打そばの技術

定価 本体 1748円 ＋税

名品、信州・戸隠のおいしい手打そばが
この一冊で誰でも作れるようになる！

戸隠そばとそば料理

ざるそば　かけそば　天ぷらそば　山菜そば　おろしそば
霧下そば　いくさ汁そば　ごまくるみそば　三峰そば
戸隠膳　仁王様そば　忍者そば　お煮かけ　そばのお造り
そばずし　そば米ときのこの梅肉和え　岩魚そば
そばの天ぷら　そば饅頭（蒸し物）　そば米の巻物
そば真蒸の吸物　そば団子　茶そばサラダ　そばがき

戸隠流手打そばの技術

【戸隠そばの打ち方】【戸隠そばの茹で方】
【戸隠そばの盛り方】【そば汁の作り方】
【変わり汁の作り方】【戸隠そば料理の作り方】

信州そば名人名店の手打技術

■寿命そばの手打技術……長野・木曽郡上松町『越前屋』
■おしぼりの手打技術……長野・更埴市『つる忠』
■盛そばの手打技術……長野・開田高原『まつば』
■九一そばの手打技術……長野・長野市『今むらそば本店』
■生粉打そばの技術……長野・信濃町『手打そば工房 若月』

◆信州・戸隠の歴史探訪
◆戸隠そばの事典
◆戸隠そば店ガイド
▼材料・そば道具購入先ガイド

お申し込みはお早めに！

★お近くに書店のない時は、直接、郵便振替または現金書留にて下記へお申し込み下さい。

旭屋出版　東京都新宿区市谷砂土原町3-4
〒162-8401 ☎(03)3267-0865(代) 振替・00150-1-19572

本場さぬきうどんの作り方

発行日
2000年1月18日　初版発行
2002年6月26日　第4版発行
監修
香川県生麵事業協同組合
編集制作
旭屋出版編集部　2000©
制作者
永瀬正人
発行者
早嶋　健
発行所
株式会社　旭屋出版
東京都新宿区市ヶ谷砂土原町3-4　〒162-8401
電話(03)3267-0865(代表)
郵便振替口座番号　00150-1-19572
ホームページ　http://www.asahiya-jp.com
印刷・製本
凸版印刷株式会社
＊落丁本・乱丁本はお取り替えいたします。
ASAHIYA SHUPPAN CO., LTD
ISBN4-7511-0189-7　C2077
Printed in Japan